Staread
星文文化

竹映月江

古人原来这么潮

竹映月江 ◎ 著

四川人民出版社

图书在版编目（CIP）数据

古人原来这么潮 / 竹映月江著. -- 成都：四川人民出版社, 2023.5（2023.11 重印）
ISBN 978-7-220-12837-0

Ⅰ.①古… Ⅱ.①竹… Ⅲ.①中国历史—通俗读物 Ⅳ.① K209

中国版本图书馆 CIP 数据核字 (2022) 第 179250 号

GUREN YUANLAI ZHEME CHAO
古人原来这么潮
竹映月江 著

出 版 人	黄立新
出 品 人	柯 伟
选题策划	王 飞
监 制	郭 健
责任编辑	蒋科兰　张新伟
特约编辑	宋 鑫
营销编辑	秦玉枝　杜莹莹
装帧设计	丫丫书装
封面插画	奈 莫
特约校对	孙 茜
责任印制	周 奇
出版发行	四川人民出版社（成都三色路 238 号）
网 址	http://www.scpph.com
E-mail	scrmcbs@sina.com
新浪微博	@四川人民出版社
微信公众号	四川人民出版社
发行部业务电话	（028）86361653　86361656
防盗版举报电话	（028）86361653
照 排	天津星文文化传播有限公司
印 刷	北京盛通印刷股份有限公司
成品尺寸	146mm×210mm
印 张	7
字 数	150 千
版 次	2023 年 5 月第 1 版
印 次	2023 年 11 月第 2 次印刷
书 号	ISBN 978-7-220-12837-0
定 价	45.00 元

■版权所有・侵权必究

本书若出现印装质量问题，请与我社发行部联系调换
电话：（028）86361656

明代·仇英《独乐园图》（局部）

上图展现的是司马光在独乐园内的书房"读书堂"，是仇英根据司马光的《独乐园记》所绘。司马光在此主编了《资治通鉴》，据他描述，"其中为堂，聚书出五千卷"

四川省成都市杜甫草堂唐代遗址

在此遗址发掘了水井、钱币、瓦片等唐代文物，其中的一块石碑上书"正觉寺……垂拱三年……"与杜甫刚到成都定居时所写的诗句"古寺僧牢落，空房客寓居"相吻合

五代十国·佚名《雪溪行旅图页》

此画描绘旅人赶牛车沿着崎岖山路艰难前行的场景。画中的牛车车厢分两层,左侧一车似有人在爬至上层,右侧一车似有人在上层躺卧,也有人在下层盘坐,可推断此车上层为"卧铺",下层为"硬座"

元代·赵孟頫《归去来兮辞》(局部)

赵孟頫为南宋晚期至元朝初期官员,宋太祖赵匡胤十一世孙,他很喜爱陶渊明的这篇名作,故常常书写,在某种程度上,这篇文章表达了赵孟頫心中向往又无法宣之于口的归隐意愿

唐代·李邕墓壁画《胡人打马球图》
壁画生动描绘了两个胡人争抢马球的场景

清代·姚文瀚、张为邦《冰嬉图卷》（局部）
画中的冰嬉表演动作、表演性质和军训性质兼具，动作花样繁多，难度系数很高

西汉·马王堆出土黑漆朱绘六博具

这套博具包括 1 个博局、20 个直食棋、42 根算,还有黑白棋子各 6 枚,18 面木骰子一个,象牙削和割刀各一件,都装在一个锥画漆盒中

明代·仇英《汉宫春晓图》（局部）

画中几个女子正在做斗百草的游戏

宋代·佚名《春游晚归图》

万物复苏，春和景明，踏青赏花，游山玩水，是古人春季的重要休闲活动

清代·佚名《群仙祝寿图》

画中描绘的是众多神仙赴瑶池祝贺西王母寿诞的场景，反映的是古人"生日派对"的热闹景象

明代·仇英《西厢记图册》之一

画面描绘的是张生(右二)与崔莺莺(左一)二人于古寺中相遇的情景

明代·佚名《上元灯彩图》(局部)

此画描绘的是元宵灯市与古董贸易相结合的集市活动,除了商贸活动,还有各种民间演艺活动

绍兴沈园"残壁遗恨"景观

《钗头凤》是陆游七十五岁重游沈园时,忆及与原配妻子唐婉在此邂逅的场景,心生痛楚所作。不久后,唐婉再游沈园,百感交集,便在这首词的旁边也依律赋了一首《钗头凤》

清代·陈枚、孙祜、金昆、戴洪、程志道合作清院本《清明上河图》(局部)

古代的轿子也具有"共享性质",尤其是"婚轿",因每个人使用频率很低,所以"共享"更受欢迎

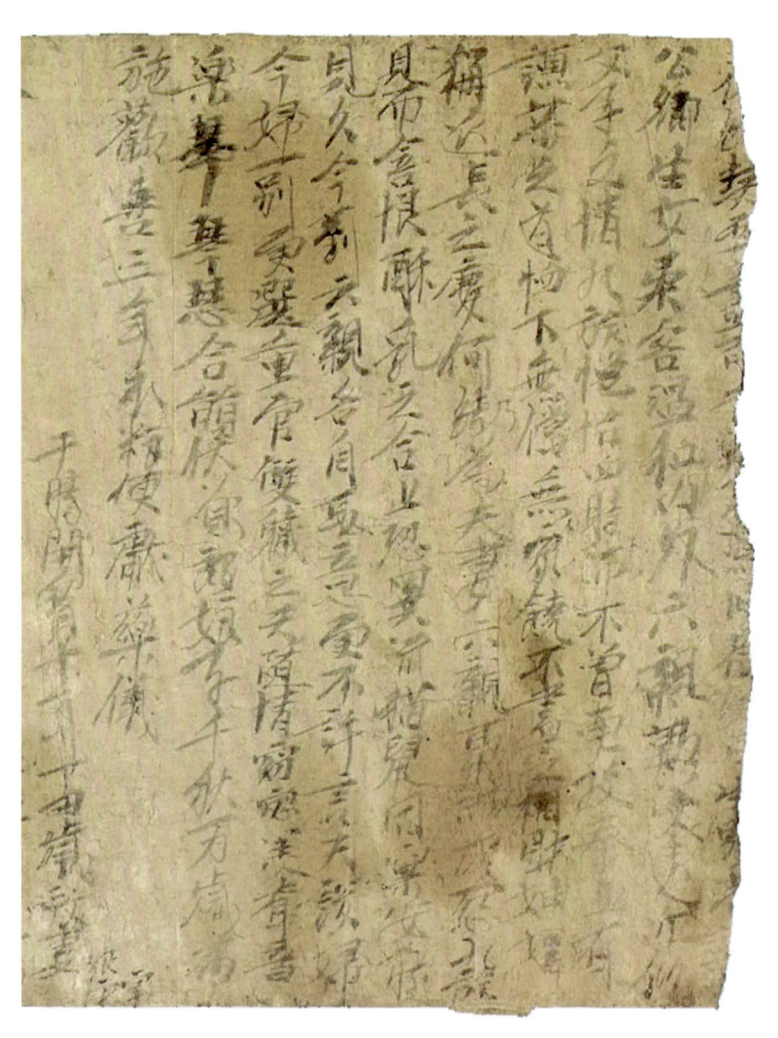

敦煌莫高窟出土的《放妻书》

敦煌出土了一批《放妻书》，时间跨度为9世纪至11世纪，即唐末至北宋时期，这是"离婚证书"，代表双方协议离婚

清代·佚名《苏州市景商业图册》内页之一

画面中两个赤膊男子在为身后的药铺"打广告"

明代·仇英（传）《南都繁会景物图卷》（局部）

古人的广告意识很强，画面中的门前立幡旗或标牌，繁多而醒目

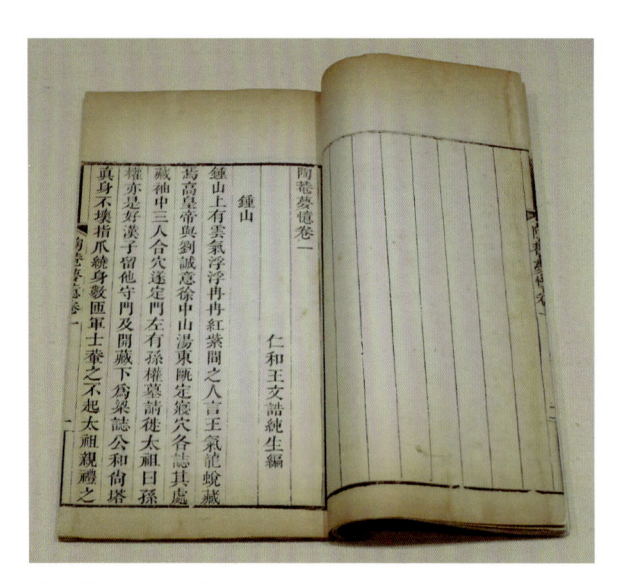

明·张岱《陶庵梦忆》，清乾隆五十九年（1794年）王文诰刻本

书中所记大多是作者亲身经历过的杂事，将明代江浙地区种种世相生动呈现，可谓是"自媒体人"的创作结集

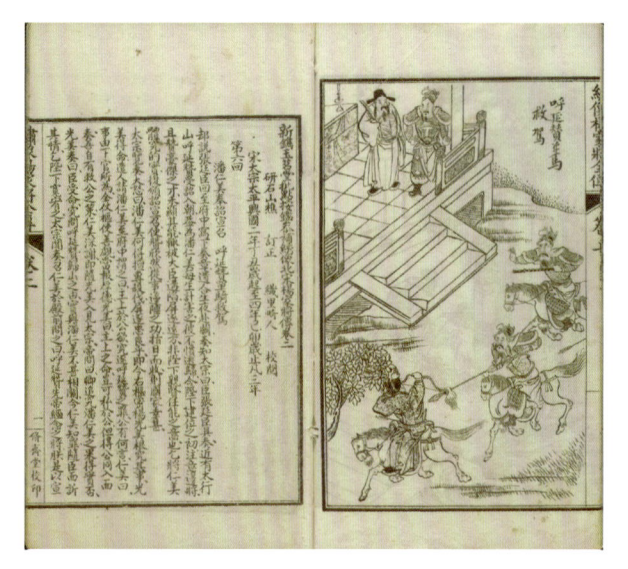

明·熊大木《绣像杨家将全传》，清光绪十八年（1892年）上海修文堂石印本

"升级版"的《杨家将全传》书前有人物单页版画16幅，每卷前各有叙事版画2幅

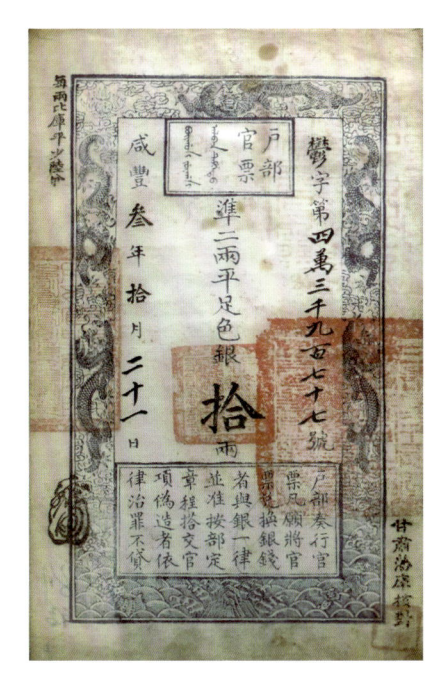

清代咸丰三年（1853年）银票

银票的印制图案都很复杂，其中大部分为手工雕刻，清代末期，将龙纹印在银票上，并且还会在银票上绘制复杂的满文

唐邛窑绿釉瓷省油灯

陆游《老学庵笔记》中记载："蜀中有夹瓷盏，注水于盏唇窍中，可省油之半。"其原理是在灯盏的夹层中注水，从而在点灯时可以降低油温，减少灯油损耗

湖北曾侯乙墓出土战国青铜冰鉴

早在西周时，中国古人已经发明了冰鉴，并广泛应用于夏季食物的保鲜和冰镇，堪称早期的"冰箱"

北宋·张择端《清明上河图》（局部）

画面左下侧驴车右后方是正在售卖的香饮子，这是北宋时期的"网红凉茶"；在交叉路口处头顶重物的男子，则是北宋时期的"外卖小哥"，他正在头顶餐盒为顾客送餐

东汉盐井画像砖

画像砖上形象描绘了东汉时蜀地井盐生产的场景,有采盐、煮盐等繁杂工艺

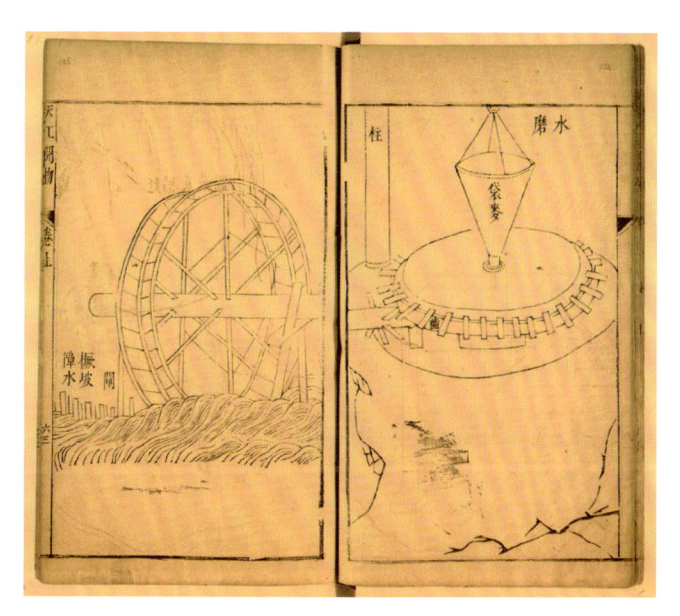

明·宋应星《天工开物》,崇祯十年(1637年)涂绍煃刊本

上图是有关水磨的示意图,这种用水作动力的水磨最早出现在晋代

唐代石线刻四神星象图墓志盖

四神用来表示方位，青龙、白虎代表东、西，朱雀、玄武代表南、北，星象图绘于中部

长沙马王堆一号汉墓 T 形帛画最上端天国部分

红日中的金乌与古人对太阳黑子的观察有关，月上金蟾则与古人观测到的月球表面的环形山分布有关

序

当古人凝望夜空

《菜根谭》里有言:"宠辱不惊,闲看庭前花开花落;去留无意,漫随天外云卷云舒。"

如今,现代人居住在钢筋水泥的"森林"中,或许很难欣赏到花开花落的美景,但云卷云舒的曼妙,只要抬头看看天空,就能于徐徐清风之间,感受到那份独有的美好。

看天空,最讲究一个"闲"字。"若无闲事挂心头,便是人间好时节。"闲看云天,最能体会天空的万千变幻,天高云淡、云消雨霁、云兴霞蔚……每一个画面都充满醉人之美。

能与云天媲美的唯有夜晚的星空。月色朦胧,星河璀璨,流银泄辉,引得古今多少迁客骚人情不自禁地举头凝望夜空,揽深邃天幕入眸，一眼便是万年。

溶溶月色下，古人凝望夜空，都会看到什么呢？

两千多年前，楚国大夫屈原在夜空下茫然四顾，以一篇传世之作《天问》，高声向苍天寻一个答案。岁月悠悠，当三国时代的魏武帝曹操来到同一片夜空下，他举头凝望，看到的却是"月明星稀，乌鹊南飞"。

同样的夜色落在诗仙李白眼中，则化为一抹浪漫的底色。大诗人凝望着黛青色的夜空，从"明月出天山，苍茫云海间"，一路吟诵到"长歌吟松风，曲尽河星稀"，涓涓诗情伴着酒，和着风，七分化为了月光，三分啸成剑气，绣口一吐，就是半个盛唐。

"长安一片月，万户捣衣声。"盛唐的夜空点缀着万家灯火，而到了斯文儒雅的宋代，人们眼中的夜空则变成了"当时明月在，曾照彩云归"，唯美浪漫倒也不输大唐。

有人浪漫，也有人愁，同为宋代人的范仲淹，抬头看到天上一轮明月时触景生情，高吟一声"明月楼高休独倚，酒入愁肠，化作相思泪"。

夜空是流光璀璨的，也是寂寥冷清的。"冷烟和月，疏影横窗"或许是古人凝望夜空时的又一感受。每当人们遥望缀满星光的夜空时，总是会生出几分望月怀远、悲春伤秋之情。

这样的情愫在夜空下分外适合追忆故人。苏轼在夜空下想到了"明月松岗"，纳兰性德在夜空中忆起了"碧落冰轮"，然而千载长夜悠悠，古人对着满天星辰，会不会在某一刹那间，让思绪由往昔飘向遥远的未来?

夜色下的天幕满是神秘,古人凝望夜空,遥想未来,是否能想象到现代社会中人们日新月异的生活?互联网时代炫酷的高科技,又是否会让古人由衷感慨一句:"哎哟,不错哦!"

抑或古人希望隔着夜空与未来世界展开一场超时空对话。他们饶有兴致地观察着现代社会中兴起的外卖、互联网思维、自媒体概念及一切热门生活小技巧,大饱眼福后,再傲娇地评价一句:"这些玩意儿,都是我们玩剩下的。"

而现代人的工作制度以及情感生活,想必也能让古人操碎了心。千百年前的夜空下,会不会有位古人看着明月,思索着未来的人都是怎么工作的?他玄孙的玄孙又到底该怎样觅得佳人成婚?

"今人不见古时月,今月曾经照古人。"想必现代人也对古代人的生活方式充满了好奇。在过去那个"车马很慢,书信很远"的年代,古人是怎么出行的?每年让无数异乡游子拼手速抢票的春运潮,古人遇到过吗?

同一片夜空下,现代人与古代人的生活似乎离得很近很近,又似乎相距很远很远。凝望夜空,有的人哭了,有的人笑了,有的人赞叹时代的进步,有的人惊叹古人原来这么潮。

我写这本书的初衷,是想搭建一座现代人与古代人隔空对话的桥梁,引导读者探访古人先进而新颖的生活方式和思维方式,改变人们认为"古代落后"的刻板印象,引领读者深入了解古人方方面面的真实生活,探索古人的潮派生活方式,看看古人如何应对时下热门的"996"工作制、居家办公、房贷等问题,跟古人学学如何不落俗套又深情浪漫地告白和"秀恩爱"。

我希望朋友们能跟随我的文字,来一场时空穿越之旅,透过千年间的风俗流变、兴衰更替,从传承千年的文化里汲取潮流的养分,触摸历史的脉搏,倾听历史的回声,感受我们的潮流生活既"复古"又"新鲜"的一面。

目录

第一章 职场篇 /001

古人的沉浸式居家办公室 / 002

古人上班何止"996" / 007

古代房奴不好当 / 012

古人的花式辞职信 / 016

古人的"春运囧途" / 021

古代公务员的薪酬发放体系 / 027

第二章 休闲篇/033

古人的时尚健身运动 / 034

古人解压花样多 / 040

古代学生的寒暑假 / 045

古人的"生日派对" / 051

古人如何打发无聊时光 / 057

古代夜猫子熬夜都在干什么 / 062

第三章 爱情篇/067

古人"朋友圈"的爆款告白文案 / 068

古人追女生也套路满满 / 072

古代男人也怕老婆 / 075

古人的优雅分手 / 080

古代人离婚的法律协议 / 084

古代"情人节"的正确打开方式 / 089

第四章 思维篇/093

古人的"共享"很超前 / 094

古人的创意营销广告 / 099

古人的"互联网思维" / 105

古人如果有"网名" / 109

古人怎么玩转"自媒体" / 113

古人的货币金融智慧 / 119

古人也倡导低碳环保 / 124

古人的风险管控意识 / 128

古代也流行防伪技术 / 134

第五章 生活篇/139

古代竟然有"外卖" / 140

古代的冷藏设备 / 145

古人的御寒防暑措施 / 150

古人如何清洁口腔 / 155

古人用什么做调味料 / 160

古代就有社区管理？/ 166

古人的"一代身份证" / 172

古人也用新能源 / 178

第六章 探索篇/183

古人的飞天梦 / 184
古人的"万物由来"说 / 188
古人也热衷星座运势 / 193
古人眼中的宇宙是什么样 / 198
古人的科技观 / 203
古人的历史观 / 208

第一章 职场篇

古人的沉浸式居家办公室

在互联网时代,"移动办公室"渐渐成为新潮流,越来越多的年轻人爱上"SOHO 一族(自由职业者)"的生活,这也让居家办公成为新的职场状态。在"SOHO 达人"的眼中,只要居家办公室设计得到位,在家也能营造出与办公室不相上下的工作环境。为此,"SOHO 达人"们想尽办法让居家办公看起来更符合他们的想象。设计上,他们希望居家办公室能够既充满个性化又满足专业需求;在装潢上,他们希望居家办公室能够既轻松舒适,又简洁大方,还能有办公氛围……

其实,"SOHO 一族"想要的精装修居家办公室,古代的文人雅士已经提供了不少经典的装修案例。品质生活与品质办公相结合,办事效率自然倍增。而且他们不但把居家办公室装修得"高大上",还给办公室冠以低调有内涵的雅号,斋、堂、轩、室、居……概念性定位一个比一个清新别致。

比如清代大才子纪晓岚的办公室就取名为"阅微草堂",乍听之下,似乎纪晓岚在京城里住了个"茅屋"。其实,虽然阅微草堂的名字里带了"草堂"二字,但与没有官职的杜甫居住的草堂完全不是一个概念。阅微草堂一开始是一间书房,后来扩建成两进四合院,前院种藤萝,后院栽海棠,用来居家办公真是雅致清幽、心神俱静。

有道是"浓缩的都是精华",阅微草堂虽小,名气却很大。从日常处理工作、写奏章跟"老板"乾隆汇报,到筹备编纂《四库全书》这套鸿篇巨制,阅微草堂一直是纪晓岚处理自己负责的大小项目的办公室。

而同样以文章闻名后世的蒲松龄,因为屡试不第,也低调地开始了他的居家办公生涯。作为文士中著名的怪人,蒲松龄专门在自己的办公室"聊斋"里设下一个茶棚,广纳四方宾朋。若是有人到蒲松龄的茶棚小憩片刻,蒲松龄便会立刻迎上去问一句:"您有故事吗?"

蒲松龄收集的可不是一般的故事,全是些灵异志怪类的,放在现代也算是个自媒体博主了。据说,路人若是向蒲松龄提供了一篇佳作,茶水钱则全免,以至蒲松龄成了十里八乡有名的故事收集者。殊不知,征稿本就是蒲松龄的"工作"之一。

每天收稿结束后，蒲松龄都会钻进自己的办公室里，将白天收集的故事记录誊写并整理成册，然后给作品取个办公室"联名款"名称——"聊斋志异"。这样的"神操作"，一下子让他自家的办公室也跟着留名青史了。

而值得"SOHO 一族"借鉴的"硬核"办公室，还要数李渔的精装修办公室。据《闲情偶寄》记载，李渔在前人凿壁借光的精神感召下，在办公室内安装了"环保节能灯"。简单来说，这种装置就是在与办公室相邻的房间墙壁上凿个小洞，大小刚刚容得下一盏油灯。如此一来，两间办公室就能共用一个光源，既新颖又节能减排。李渔本人对这一设计满意至极，忍不住一通疯狂自夸道："我辈长夜读书，灯光射目，最耗元神……置灯彼屋而光射此房，彼行彼事，我读我书，是一灯也，而备全家之用，又使目力不竭于焚膏，较之瓦灯，其利奚止十倍？"

不过，炫酷的护眼环保灯只是李渔精装修办公室的冰山一角。为了解决冬季办公室没暖气的问题，李渔还别出心裁地给自己设计了一把"暖椅"。这种椅子与书桌相连，椅子下方有个可移动装置，用来放置炭火取暖，还能顺便热些东西吃，或是温上一壶好茶。

这样吃吃喝喝无疑会加速李渔体内的新陈代谢，让李渔遭遇内急的烦恼。偏偏精装修的办公室什么都好，就是没有卫生间。那么，注重办公体验的李渔又该怎么解决"上厕所难"的问题呢？

这根本难不住李渔，他再次发扬凿壁借光的巧思，在办公室的侧墙上又凿了个小洞，不过这次不是用来放置环保灯的，而是插入了一节竹子，使竹子穿墙而过。竹子的中间被李渔凿出孔，内急的时候，李渔就尿到竹孔里，这样尿液直接顺着竹子排到室外，既整洁又没有异味。

李渔靠着精装修办公室成为"居家办公"达人，而唐代的白居易却偏偏反其道而行之，将自己的居家办公室装修得简约而不简单。白居易被贬江州之后，心境逐渐从"兼济"转为"独善"，开启了低调"吏隐"生活，于是在来到江州的第三年，在庐山香炉峰下建造了一座草堂。

他在庐山草堂落成时创作了散文《庐山草堂记》，其中，便有对书房的描述："木斫而已，不加丹；墙圬而已，不加白。砌阶用石，幂窗用纸，竹帘纻帏，率称是焉。堂中设木榻四，素屏二，漆琴一张，儒、道、佛书各两三卷。"木头不刷漆，更加凸显原生态的朴素，不刷白灰的墙面搭配石阶、竹帘、纸窗、素雅的屏风，浑然天成却别有洞天，一张琴，几卷书，彰显着书房主人淡薄而高洁的气度。不得不说，这样将极简风发挥到极致的居家办公环境，堪比刘禹锡笔下的"陋室"。

走进这样的书房，没有冗余物件的干扰，读书、创作、办公都可全身心投入，走出书房，周围满是趣味盎然、宛若仙境的景致。白居易感慨万千，灵感不断，创作了《香炉峰下新置草堂，即事咏怀，题于石上》《重题》《咏怀》《香炉峰下新卜山居草堂初成偶题东壁》等诗篇。这里是白居易的精神乐园，也逐渐成了心灵的家园，在离开草堂之后，还会写下"身出草堂心不出，庐山未要勒《移文》"这样魂牵梦萦的牵挂。如此可见，哪怕是一间朴实无华的办公室，只要盛得下自己的专注和热爱，是很容易干出成绩的。可万一对内管不住瞌睡虫的诱惑，对外无法拒绝母上大人的投喂，想工作时打开电脑却直奔娱乐新闻，无法保证工作效率，那该怎么办呢？

那就学习下陆游先生的高招。据《新开小室》记载，陆游晚年居家办公时"并檐开小室，仅可容一几。东为读书窗，初日满窗纸"。

瞧瞧陆老爷子的法子，弄一间小小的办公室，小到只能放下一张书桌。在这样的办公室里工作，少了外界事物的干扰，工作氛围分分钟拉满。此时，再焚一支香，提神醒脑，心情舒畅，而且仪式感满满。用他自己的话说就是，"剩喜今朝寂无事，焚香闲看玉溪诗"。

所谓"一窗一几一室，一笔一纸一人"，陆游和白居易这种极简风的办公室，其核心原理是把一切干扰工作的因素关在门外和大脑外。而根据自己的喜好和习惯改造自己的办公室，则是保证自己身心舒畅、状态良好的催化剂。不过，外部条件再好，最重要的还是自己的热情和定力。如果实在坐不住了，不妨站起来，练一练《导引图》的"引烦"动作，方法是：伸展右臂，耸起右肩；左手反臂屈肘，从脑后绕向右侧背部，提捏右肩胛骨内缘背肌；如此左右交替进行。劳逸结合，保持效率，职场幸福感得从细节抓起。

古人上班何止"996"

历史文献中关于古人工作时间的记载,最早可以追溯到《诗经》的《国风·齐风·鸡鸣》。古人用一句"鸡既鸣矣,朝既盈矣……东方明矣,朝既昌矣",无情地吐槽着只要公鸡一打鸣,官员们就要上朝的悲苦工作模式。

明明起得跟鸡一样早,怎么到了江湖传说中,就变成"日出而作,日落而息"了呢?其实,这个误会主要源于从事农业生产的农民阶级。常年贫困的生活让他们无法负担夜间劳动的照明费用,不得已才选择了"日出而作,日落而息"的生产模式。

可谁知道,随着时代的发展,当年穷苦人家用不起的奢侈品——油脂,现在成了老百姓家里的寻常物。如今我们以现代的生活水准去看古人的生活，便忍不住感慨道："我的神啊，古代农业生产者天刚擦黑儿就下班了？"

诚然，古代农夫下班虽早，但自给自足的农业生产者的工作时间和工作方式，并不能代表所有的古人。哪怕是现在，也很少有农民朋友大半夜跑去耕种吧，而生活在城市的"打工人"们，则很难摆脱"996"的工作常态。

据史料记载，从秦代到明清，官员上朝的时间在早上五点至七点之间，也就是古人所说的卯时。不仅京城的官员在这个时间段开始上朝，就连地方官署也是在这一时间段开始办公。而许多官署在办公前，习惯先拿着员工花名册点一次名，确定官员们已按时来上班了。这种卯时"打卡"的考勤制度叫作"点卯"，官员们来接受点名就叫作"应点"，而用来点名的花名册则叫作"卯册"。

乍看之下，古人早上五点至七点间"打卡"，上班时间还算能让人接受。但由于古代交通不便，古代官员的住所又大多离官署较远，为了能按时"打卡"上班，他们不得不在凌晨三四点就起床赶路。

官员们起早贪黑赶着上班"打卡"的时候，其他各行各业的劳动者们也纷纷开始了一天的工作。据史料记载，古代的农民常常天蒙蒙亮就起床工作，一干就干到太阳公公下班。用陶渊明的话来说就是"晨兴理荒秽，带月荷锄归"。而立志报考公务员的古代学生党每天的"工作"也并不轻松，"三更灯火五更鸡"是他们的常态，有时官员们早就下班了，学生党却还要继续学习，并且得想方设法解决夜间学习的照明问题。于是，夏天捉萤火虫、冬天借着雪光照明、没事在自家墙上凿个洞等独特的采光法，就成了穷苦的学生党夜间读书的独门秘诀。一些学霸级选手犹嫌不够，便不时感慨一句："昨日邻家乞新火，晓窗分与读书灯。"

更为苦闷的是古代的商人们，他们或许从来不知道睡懒觉是什么感受。虽然从汉代到唐代中叶，商人们理论上的工作时间一直是"中午击鼓三百下开市，日落前七刻钟击钲三百下闭市"，但实际上商人们往往一大早就要起床准备好当天需要出售的商品，到了中午才能开张。

有时候，极个别的商人也会因为太过劳累，出现被"封印"在床上的情况，所幸宋朝时期，就出现专业"破解封印"的和尚。这些和尚每天一大早就敲着木鱼报晓，叫醒熟睡中的商人，顺便友情附赠一段"天色晴明"之类的天气预报口播。这之后，商人们便前往指定的地点做生意，一忙就是一整天。由于宋代夜市兴盛，许多商人甚至要到深夜才能收工，工作强度同样远远不止"996"。

而上班早的官员们，下班也并不早。以清代为例，按照清代的"劳动法"《钦定六部处分则例》的规定来看，京城官员在春夏两季的统一下班时间约是下午四点，而秋冬两季则是在下午三点左右。哪怕以下午三点下班来看，古代官员的工作时长也基本与"996"相当，更何况漫漫历史长河中，总免不了会出现一两个"勤奋"的皇帝。明太祖规定,只要没有特殊情况,官员们每天都要来上朝,根本没有周末可休,而且根据始纂于弘治十年(1497年)的《大明会典》记载,官员们必须于凌晨三点在午门外候场,凌晨五点钟声敲响,宫门打开,他们便鱼贯而入,开始一天的早朝。换句话说,虽然明朝官员的上班时间依然是凌晨五点,但凌晨三点他们就必须在"公司"门口集合,而"皇帝老板"并不给加班费。值得一提的是,上朝的活动仅仅相当于如今公司里的晨会,散会后,官员们才真正开始一天的工作。

到了清朝初年,早朝时间改成"逢五视朝",也就是十天一朝,官员们这才有了少许休息时间。可惜,康熙年间,又变成了每日一朝。清朝的官员只能强忍着内心的苦楚,继续开启悲苦的"打工人"生活。而说到休息日,据史料记载,汉代的官员赶上了"黄金时代",每工作五天就能休息一天,这个休息日被称为"休沐",从而留下了古人"五天一洗浴"的说法。后来,南梁的皇帝觉得这种工作模式太便宜百官了,于是大手一挥,将法定假期改成了十天一个休息日。

这种新型工作模式受到了后代皇帝的推崇,从唐朝开始成为定制,一直到元朝,历代官员的工作强度均远超"996"。后来,就连"初唐四杰"之一的王勃也在他的名作《滕王阁序》中提了一句"十旬休假",算是从侧面反映了古代"打工人"工作的艰辛。

"十旬休假"的模式一直沿用到明代。后来,皇帝越想越觉得心里不平衡,保不齐就在心底无数次地碎碎念:"我日理万机,一天也没闲着，你们还想要带薪休假？"

一念及此，皇帝当即下达了一道圣旨，要求国家法定假日只保留新年、冬至和万寿节（皇帝生日），其他的带薪假期一律取消。如此一来，可苦了一众官员，大家不得不在几乎全年无休的工作模式下拼命上班。

如此看来，传说中古人"日出而作，日落而息"的工作节奏，只不过是一场遥不可及的梦罢了。"上班族"的苦与乐，古今是相通的。你看白居易的吐槽："筋力年年减，风光日日新。退衙归逼夜，拜表出侵晨。何处台无月，谁家池不春。莫言无胜地，自是少闲人。坐厌推囚案，行嫌引马尘。几时辞府印，却作自由身。"是不是和担心头秃的你很像？

古代房奴不好当

从杜甫的"安得广厦千万间"到白居易的"游宦京都二十春,贫中无处可安贫",古人想住进大豪宅不容易,想踏踏实实买个普通住房也不容易。他们为买房发愁的事儿,属实不少。

西汉时期,在重农轻商的大环境影响下,房地产行业还没有出现如今的职业炒房客。但为了有效管控房产交易,朝廷还是出台了一个严格得有些苛刻的房产限购政策:"欲益买宅,不比其宅,勿许。"这就是说,人们如果有房还想再买房,只能买邻居家的房产。

而且,汉朝初期,百姓家里有多少人、有多少房产,百姓需要如实上报。万一有人为了少交人头税和财产税,少报人口和房子会有怎样的后果?政府鼓励邻居检举揭发,揭发属实,抓当事人坐牢，没收当事人的家产，一半家产充公，一半家产用来赏给检举揭发当事人的邻居，以资奖励，这叫"举发"。在这种高压限购政策下，汉朝人买房子的难度可想而知。

所幸这一政策到了唐代略有松动，人性化调整为：若是卖家想卖房子，应按照"先亲友、再邻居、后他人"的顺序出售，只有亲友和邻居都不想买或者出不起买房的钱，卖家才能公开面向公众出售。

不得不说，虽然这项政策比汉朝宽松了些，但比起现代还是要严格不少。不仅如此，唐朝政府还严控房屋供地，防止人为抬高房价，以至唐玄宗时期的普通人家，每三口人才能拥有一亩宅基地，贱民群体就更难了，常常要五口人才能共享一亩宅基地。

在这种政策的影响下，唐代的卖家自然叫苦不迭，而大批买家也遭遇了买房难的问题。比如大文豪杜甫在长安漂泊十年，仍然买不起房子，又赶上了安史之乱，不得不去成都郊外，得友人救济，才搭建了几间茅屋居住。结果这些茅草房一遇到大风天就发生建筑质量事故，搞得杜甫家成了水帘洞，堂堂"诗圣"只能靠着《茅屋为秋风所破歌》来抒发内心的苦闷。

跟杜甫一样买房难的还有白居易。贞元十六年（800年），二十九岁的白居易独自来到长安闯荡事业，一路干到了秘书省的校书郎，拿着每月1.6万文的高薪，成为万千"打工人"羡慕的对象。

然而，白居易的薪水虽然丰厚，却依旧无力买房。803年，总也凑不够购房款的白居易，不得不跑到长安城东的常乐里，租了已故宰相关播家的一处小宅子暂时落脚。

到了公元808年,白居易已经升至左拾遗,月薪也涨到了2.5万文,可他仍然买不起长安的房子,只好继续租房住。直到五十岁时,白居易才在长安城里拥有了一套属于自己的房子。

这不禁让人想起多年前,白居易初来长安时,名士顾况听说白居易的名字后,颇有深意地说了一句:"米价方贵,居亦弗易。"多年后再品顾况的这句话,简直就是"神预言"。

到了宋代,"买房难"问题依然未能得到妥善解决。据《宋刑统·卷十三》记载:"应典、卖、倚当物业,先问房亲;房亲不要,次问四邻;四邻不要,他人并得交易。房亲着价不尽,亦任就得价高处交易。"也就是说,宋朝卖家卖房必须先召集所有族人,了解大家是否愿意购买房产,然后再询问四周邻居是否有买房意愿,只有当族人与四邻都明确表示不买房后,才能将房产拿到市面上交易。

一系列严控炒房的措施,在无形中限制了供给端,推高了房价,直接导致宋代的房价一直居高不下,就连著名的"唐宋八大家"之一的苏洵,想买套房子也难如登天。

治平元年(1064年),眼看房价一直居高不下,苏洵一咬牙一跺脚,借巨资在开封买下一座宅子。谁料两年后,苏洵还没还完"房贷"就去世了,这笔巨额债务自然而然就落到了儿子苏轼和苏辙的头上。

这下可坑苦了苏轼和苏辙。此后,苏轼将自己大半的薪水拿来替父还债,还搭上了自己四百亩职田的租金,搞得他年近五十岁才在江苏宜兴买下一所房子,而苏辙则到七旬高龄才在河南许昌买下房子。为此苏辙还专门写了句"我老未有宅,诸子以为言"自嘲。脑补下这画面,劳碌半生的苏辙回到家,儿子们满脸愁容,一想到别人家的爹留房产,自家老爸住长租公寓,就忍不住"垂泪到天明"。

到了明清,为了防止炒房,《明史》和《清史稿》里都清清楚楚地记载着一项比较特别的制度——"找房款"。所谓"找房款",就是卖家的一次反悔特权。明清的卖家卖掉房子后,大可以啥事不干,天天盯着楼市看,一旦发现自家出售的房子涨价了,马上带齐家伙什儿找上门,名正言顺地要求买家补齐差价。

这项宛如期权般的政策,让明清时代的人们,炒房意愿一下子降至冰点,反映在房价上,就是明朝崇祯年间,房价跌至谷底,人们花上几十两银子,就能买下一座四合院或是别墅豪宅。

饶是如此,晚明时期的通货膨胀、低薄的俸禄和繁重的养家压力,也令一干民众沦为买房困难户。著名的清官海瑞,在官场混了一辈子也无力购买京城的房子。五十八岁那年,因奸臣排挤,海瑞被迫辞官归故里,发现家乡海南的房价还算亲民,于是他用毕生的积蓄买了房,算是退而求其次实现了"购房梦"。

照这么看来,现代人频频吐槽的"买房难",早已沾满了古人的辛酸泪。好在随着社会的发展,现代人已然能够用按揭贷款的方式,提前几十年拥有一套属于自己的房子,而那些连房奴都当不起的古代人,却不得不望着奇高的房价感慨一句:"房子啊,想说爱你不容易。"

古人的花式辞职信

"世界那么大,我想去看看。"这封辞职信被网友评为"史上最具情怀的辞职信,没有之一",曾点燃无数职场人渴望自由、放飞自我的心。不过,比起现代人"放纵不羁爱自由"的花式辞职,只怕古人也丝毫不落下风。

说起古代的"辞职大户",不少人首先想到的就是专写情怀式辞职信的陶渊明。从二十九岁步入职场开始,陶渊明一生都在跳槽与准备跳槽中度过,有时换了新工作,还忍不住吐槽下前东家,随口就是一句:"此行谁使然?似为饥所驱。倾身营一饱,少许便有馀。"

想象一下这幅画面,陶渊明摸着胡子感慨道:"哎呀呀,我老陶当年为了混个温饱,被迫当'舔狗'。后来我一想,狗粮长期食用有害身心健康,于是我跑去老板面前大喝一句'爷不干了',立刻觉得通体舒畅,吃嘛嘛香。"

可"Flag"虽然立了,但陶渊明大概也没想到自己会在官场上进进出出,反复打脸。在四十一岁的时候,经历过四仕四隐的陶渊明,最后一次出仕,干起了彭泽令的新工作。

谁料,这份工作依然让老陶干得不爽。一次,上司督邮来视察工作,按理说陶渊明本该完成接待任务,可陶渊明素来潇洒肆意,哪里会将督邮放在眼里。当时的场景可想而知,督邮到了以后,发现欢迎队伍里竟然没有陶渊明的身影,气得当场对一旁的县吏说:"快去喊陶渊明来见我!"

县吏一路小跑来到陶渊明面前,喘着粗气对陶渊明说:"大人,督邮到了,您快……快去接待吧。"

陶渊明这才懒洋洋地动身。这时,县吏看到陶渊明身上脏兮兮的便装,急忙善意提醒道:"大人,督邮很注意细节,您还是换身官服去吧,免得惹恼了督邮大人啊。"

陶渊明一听,立刻气不打一处来,愤怒地说:"我好歹也是个公务员,怎么能为了一点点工资,就去给这些个乡下小人献殷勤呢!"说完,陶渊明再次帅气地辞职了。临走还不忘写上一篇长长的辞职信——《归去来兮辞》。

在这封辞职信里,陶渊明以一句"悟已往之不谏,知来者之可追。实迷途其未远,觉今是而昨非",大呼自己当初很傻很天真，而后他又发扬文青本色，扬言今后要远离职场，开启"舟遥遥以轻飏，风飘飘而吹衣。问征夫以前路，恨晨光之熹微"般美好闲适的生活。

或许是陶渊明描绘的辞职生活太过美好，以至百年后的北宋高官欧阳修读到陶渊明这封辞职信时，也忍不住感慨道："晋无文章，惟陶渊明《归去来兮辞》一篇。"

而要说果敢决绝风的辞职，范增则是首屈一指的代表。项羽率江东子弟渡江反秦的时候，范增已经跟在项羽身边了，放在现代公司里，怎么也算是个拿着原始股的合伙人。更何况，范增来到项羽阵营后，多年来忠心耿耿，立下无数汗马功劳，被项羽尊称一声"亚父"。可谁承想，刘邦阵营丢过来一个离间计，项羽瞬间翻脸不认人，气得七十多岁的范增直接撂挑子不干了。临行前，范增想起过往种种，难忍心中怒气，在辞职信上赌气般地写下：愿赐骸骨，归卒伍。短短几个字，宣告了项羽与范增这对秦末汉初最佳搭档的解体，也让这封愤慨式辞职信就此名留青史，成为后世无数"打工人"想要效仿的神作。

有决裂闹翻的，自然也有打感情牌的，比如西晋大臣、文学家李密。说来这李密实在是运气不佳，他之前效力的"公司"被"吞并"后，新任"老板"晋武帝是个狠人，二话不说就强迫李密干活，干不好活便有性命之忧，真可谓是"我想要公司的钱，公司却想要我的命"。

不堪其苦的李密最终选择了辞职跑路，不过面对狠人晋武帝，李密可不敢学范增，毕竟那个年代也没有卖意外险的，万一晋武帝看完辞职信，想要拿他试刀，那他李密可就亏大了。

于是，聪明的李密选择反其道而行之，写下一封温情版辞职信——《陈情表》，哭着喊着跟晋武帝说："乌鸟私情，愿乞终养……愿陛下矜悯愚诚，听臣微志，庶刘侥幸，保卒余年。臣生当陨首，死当结草。"

这句话言下之意是："老板啊，我好爱公司，好爱老板，好爱工作。但是，我家里还有个年迈的祖母啊。要是我出来工作了，我祖母没人照顾该怎么办啊。求求老板让我留在家里给祖母尽孝吧。若是老板能同意，我永不忘老板的恩情，来世一定做牛做马，结草衔环报答老板的恩情。"

一番铭感五内的表白，催泪效果堪比苦情剧。晋武帝哪见过这种阵仗，一下子被李密感动得热泪滂沱，最后不但同意了他的辞职，还特地赐给他一笔退休金。

李密剑走偏锋完美离职数百年后，我们前文提到的喜好"精装修办公室"的李渔，也加入了辞职大军中。只不过，李渔把辞职信写成了一副对联，看上去与他的办公室一样有品位：繁冗驱人，旧业尽抛尘市里；湖山招我，全家移入画图中。

瞧瞧人家这格局，辞职回家的原因不是钱没给够，也不是人委屈了，而是湖光山色与我李渔有一场"约会"。

为了赴约，李渔欣然带着全家来到了风景秀美的西湖之滨，过起了"晚霞明似锦，春雨细如丝。柳绊长堤千万树，花横野寺两三枝"的离职生活，真是羡煞旁人。

　　李渔可以说走就走，诸多迫于生计的"打工人"却不得不收起诗与远方的梦想，继续燃烧打工魂。但保不齐哪天"打工人"们也会通过一封直击要害的辞职信，飘然远去不再纠缠，与老板彻底相忘于江湖，各奔好前程，这又何尝不是一桩双赢的喜事呢？

古人的"春运囧途"

每年春节前后,令亿万国人又爱又恨的春运就会拉开序幕,这场一年一度的"人类大迁徙",经历了中国经济与科技腾飞的几十年,运输条件和运力水平已经大幅提升,但春运的压力依然很大,"人在囧途"的戏码仍会时不时登上社会新闻的版面。而在没有飞机、高铁、汽车的古代社会,古人又是如何历经"春运"的考验,享受阖家团圆的欢乐的呢?

说起古代"春运"的历史,可谓是源远流长。周朝时,"春运"就已展露雏形,只不过,那时的古人还保留着安土重迁的思想,"春运"大军主要是以官员和商人为主,并不像现代这样集结了各行各业的工作者。

因为流动人口少，所以古代社会的"春运"规模比现在小得多。不过，古代"春运"的艰难程度可以用"劈波斩浪""负芒披苇"来形容。落后的交通运输条件逼得古人只能在马车、牛车、骡车、船舶中选择长途交通工具，万一囊中羞涩，只能本着"交通基本靠走"的精神，甩开膀子，迈开步子，靠着"11路"步行回家过年。这效率自然可想而知。

说到这里，有些朋友可能会觉得奇怪，既然古代的交通条件这么糟糕，古人为什么还要费这么大的周折，非得在春节回家呢？

古人选择春节回家，或许与一个传说有关。相传，有一种怪兽叫"年"，它总是在每年的最后一天出来为害人间。因此，人们在每年的最后一天，都要一家人聚在一起"守岁"，以便在"年"到来时，可以发挥人多力量大的优势，齐心合力将"年"赶走。

据《尔雅》中对"岁名"的记载，人们对"年"的称呼经历过巨大的变化，比如唐虞时称其为"载"，夏代称其为"岁"，商代称其为"祀"，到了周代，才正式启用"年"这个称呼。

随着"年"的习俗日益被重视，古人的"春运"也就正式提上了日程。而对于"春运"模式下的种种难题，其中首先需要古人解决的，就是令人仰天长叹的"行路难"问题。

秦朝时，秦始皇——这位"奋六世之余烈"的帝王，将全国性道路交通网的建设列为国家重点工程。史书上记载："为驰道于天下……道广五十步，三丈而树，厚筑其外，隐以金椎，树以青松。"如此高规格的工程，对于运输条件的改善自然不是一星半点。

虽然，秦始皇修筑"秦驰道"，本意是想要发展军事，但客观上确实缓解了一部分"春运"压力。遥想当年先贤孔子，带着一众弟子周游在列国之间，这幅场景宛如现代文青们向往的"车马很慢，书信很远"，唯有当事人孔老夫子才能切身体会到路途之颠簸，前路之漫长。

可不管前路多么艰险，都挡不住一批又一批的青年带着梦想离开家乡，然后在岁末年尾组成新的"返乡"大军。这一幕落到千年后《东京梦华录》中，就成了一幅极具视觉震撼力的"春运图"。

据《东京梦华录》记载，当时开封城外的"春运"大军，有人坐着"太平车"，有人驾着"平头车"，还有人推着"串车"拥挤在一起，造成了"春运"大堵车。而名画《雪溪行旅图》中也出现了繁忙的"春运"景象，其中一辆厢车是由三头牛拉着，并且是双层车厢，上层车厢又宽又低，算得上是古人的高档"卧铺车厢"，下层车厢高而窄，是古人的"硬座车厢"。

令人遗憾的是，这些高端交通工具的出现，虽然为古人的"春运"提供了便利，但并未从根本上解决"春运"难题。明代文学家杨慎之父杨廷和，曾在京城国子监求学多年。有一次，杨廷和心血来潮，赶在春节前回四川老家，结果遇到了"春运"高峰，他不得不先步行到通州大运河乘船，一路上又多次换船，兜兜转转大半个月才回到家。

这样的时间成本，对于当时国子监的学生来说可谓极其高昂。要知道国子监素来考核严格，如果学生请假回家探亲，工作人员估计就会立刻面带"姨母笑"地问一声："家离得远吗？"

按照明清时期的请假规定，依据路途远近，允许学生用于赶路的时间不同。家在直隶省城的，不得超过四个月；家在河南、山东、江西、浙江、湖广地区的，不超过六个月；家在北平、两广、福建，以及交通不便的四川、山西、陕西等地的，不超过八个月。而允许各位监生居家的时间也因请假事由而有所区分，省亲为期三个月，完婚为期两个月，送幼子还乡为期一个月，丁忧时间不超二十七个月。

若是学生请假超时，便会面临严峻的惩罚。国子监规定，凡是超过期限两个月之上的，送问复监。不到一个月并且有患病凭证的，送监。四川、两广、福建籍学生请假超过规定假期一年，北平、山西、陕西、湖广籍学生超过半年，浙江、山东、河南、江西籍学生超过五个月，直隶籍学生超过三个月的，还要罚充吏役。至于这期间学生是怎样与超级不给力的交通死磕的，国子监一概不问。

国子监的规定配上要人命的"春运"，逼着杨廷和只能默默将苦水往肚里咽。不过，杨廷和并不是一个人在战斗，他心中的苦，明朝宜兴籍高官徐溥也能懂。

大明弘治十一年（1498 年），贵为"四朝宰相"的徐溥，成功在腊月初踏上了回乡路。谁料，在拥有"VIP待遇"的交通条件加持下，他依然花了大半个月的时间，直到腊月二十七才回到阔别已久的家乡。

高官的春节回乡路尚且如此艰难，普通人想要在春节时回趟家，其难度可想而知。这也难怪千百年来，文人墨客的诗篇中，"乡愁"总是不变的主题。唐朝边塞诗达人高适在《除夜作》中感慨道："旅馆寒灯独不眠，客心何事转凄然。故乡今夜思千里，霜鬓明朝又一年。"同样生活在唐代的诗人戴叔伦也在《除夜宿石头驿》里感慨："旅馆谁相问，寒灯独可亲。一年将尽夜，万里未归人。"

乡愁让人充满了回家的欲望，但一句"过年回家"对古人来说又何其艰难。除了要忍受糟糕的交通条件，古人还得防范一路上未知的风险，一不留神便有性命之忧，秦始皇就曾在一次长途旅行中差点送了命。据《史记·秦始皇本纪》记载，始皇二十八年（公元前219年），秦始皇带着豪华船队从淮水进入长江。谁料船行到湘山祠时，江面突然刮起一阵怪风，险些让秦始皇喂了鱼。

清朝康熙二十一年（1682年），新任四川荣昌知县的张懋带着七名随从长途跋涉赴任。让他万万没想到的是，到达荣昌城后，他看见的是几乎空无一人的死城。正当一行人觉得纳闷儿的时候，身边草丛里突然传来一声虎啸。众人尚未反应过来，一群猛虎已扑向张懋等人。最终，张懋在仆人们的奋力营救下好不容易虎口脱险，惊魂初定之时清点人数，却发现自己的仆人已有五人命丧虎口。这可真是古代版的《无人区》和《夺命公路》。

漫漫回家路上，如此种种的风险再加上"难于上青天"的交通条件，让千百年来无数漂泊在外的游子，只能在春节期间一边体验着各种级别的"一路不顺风"，一边由衷地感慨着"行路难"，并由此生出更深切的归家渴望，流下思乡的泪水，点点滴滴，再化作挥之不散的乡愁，寄托于明月、清风、乡音、归鸿……百转千回，诉说不尽。

古代公务员的薪酬发放体系

工资是个好东西,它就像一根小皮鞭,能让人精神抖擞,奋斗起来浑身有使不完的劲。古代对于工资的叫法,根据人群的不同而各有差别。给普通老百姓的工资叫"工钱",给官员的工资叫"年俸"。而能够有幸领到高薪的群体,大多是科举出身的官员。在相当长的历史时期中,无论是官员还是平民百姓,工资都是按年领取的,而且工资很少完全用货币形式体现,而是折算成粮食、布匹等实物。

但是,不要小看这些实物的工资,在生产力不高、商品经济不如今天发达的时代,人们抵御天灾人祸的能力本来就不强,这些实物工资可是比金银珠宝还要保险的"硬通货"。无论是通货紧缩还是通货膨胀，无论是丰年还是灾年，吃饱穿暖的基本需求，始终都是要被满足的，粮食、布匹等物资是最实用的工资。

对同一时期的公务员群体来说，年俸的多寡与官员的官职息息相关。汉朝时，三公等高管的年薪是万石，像光禄勋、卫尉这样级别的干部工资约为两千石，而像太守、州牧等干部的工资约为一千石，就连基层的干部，工资也有一百石之多。

根据秦汉时出土文物实物测量，一斗核重二斤七两，十斗为一石。也就是说，汉代一石粟的重量大约相当于现代的二十七斤。

"粟"就是谷子，去壳后叫作小米。受战争及生产力等各项因素影响，汉代的粮价一直起伏不定。汉文帝时，汉朝的粮价在低位短暂徘徊。据《太平御览·卷三十五》引《桓子新论》记载："汉文帝躬俭约，修道德以先天下，天下化之。故致充实殷富，泽加黎庶，谷至石数十钱，上下饶羡。"这就是说，汉文帝时期一石米的价格只有几十钱，若是按照这个米价来计算，汉代基层干部的年薪大概只有几千钱。

这个工资显然不算高，而随着历史的演变，偶尔也会遇到几个爱搞薪酬改革的皇帝"老板"，会让古代官员的工资中货币与粮食的组成比例迎来新的变化，变相改善了粮价波动造成的收入不稳定情况。

据《群书治要》引崔寔《政论》一文显示，东汉时代，官员们的工资便由货币与粮食共同组成，这种工资模式直到东汉刘隆当"老板"的延平年间，依然维持着"半谷半钱"的比例，也就是一半货币一半实物，这也就是所谓的"吃皇粮"。

吃皇粮虽然很幸福，但是在没有快递运输的古代社会，这么多的"皇粮"该怎么发到各地官员的手中呢？

其实，每到发工资时，官员们都会收到一个工资凭证。他们拿着凭证，去工作所在地的户部分支机构就能领到工资了。如唐朝时期，京城官员们的禄米、布帛等便由司农寺属下的太仓署负责发放，而地方官的禄米、布帛，则由各州郡仓曹负责发放。

到了发薪日那天，官员们带上支度使署出具的一份证明文书去领工资，领到工资后，将证明文书留下当作凭证即可。至于证明文书的名称，历朝历代的叫法不一，唐朝时通常是记载了姓名与职务的牒文，但到了宋朝，这份证明文书便改名叫作"券历"了，其中还包含了各种实物补贴的"给券"。

随着商品经济的发展，皇帝"老板"也着手推进了工资形式改革，除了货币实物混合的"职田年米"发放到位，还推出了发放纯货币的工资新套餐。不过，纯货币的工资形式反而让当时的官员非常抵触，因此唐代大多数单位还是选择传统的"职田年米"的工资形式。

唐朝"打工人"的选择，让不少现代人心里犯起了嘀咕：放着真金白银不选，非要选"职田年米"的混合大礼包，难道古人是想一边领工资，一边扛着粮食来一场加强版的马拉松吗？

其实，现代人的顾虑，唐代职场人早已考虑到了。那些选择职田年米的"打工人"，大多驾着车马，叫上挑夫一起去领工资。

若东西实在太多,官员们也可以选择"快递小哥"送货上门服务,只需支付一些"脚钱",就能实现足不出户收包裹的梦想。

然而,正如现代人总是期望商家包邮一样,唐代也有人不愿承担快递费。于是,一些官员就耍起了小聪明,到了发薪日,让"快递小哥"把自己的工资送回家,却将快递费混在公款里报销。

纯货币的薪酬方式直到明代中期才熬出了头,高调走上了发薪方式的"C位"。明朝人还给这种工资形式取了个好听的名字:"柴薪银"。

有时,一些"土豪"单位也会发金子来结算工资,但领取方式仍然是官员们自行领取,不包邮。让人感到欣慰的是,直接领钱总比扛粮食的难度要低得多。

然而,明朝人走到直接领金银这步也分外不易。据《明史纪事本末》记载,明朝薪酬制度货币化改革之前,曾发生过一次挑战体能的粮食抵工资运动。这场运动发生在土木堡之变后,当时北方的敌人瓦剌严重威胁到明朝通州地区的安全,偏偏通州一带有一百多间粮仓,如果被瓦剌占领,那简直就是给敌人送粮草。

为了解决通州粮仓的危机,兵部尚书于谦心生一计,他要求出纳用通州的粮食提前支付百官与军士们的薪水。消息传出,明朝的大小官员马上加入提前领工资的狂欢运动中,通州的粮仓危机就此迎刃而解。

不过,像这样预支工资的好事,在明朝的历史中并不多见。大多数时候,官员们只能忍受着被拖欠工资的苦恼。甚至在张居正老先生的"脑洞"下,他们还要被迫用"胡椒苏木折俸",眼睁睁地看着工资被克扣,还找不到劳动仲裁部门维权。

唯一能给广大官员们安慰的是,明朝时胡椒还算是个值钱的高档货。据《瀛涯胜览》记载,永乐年间,胡椒在苏门达剌国的售价是一百斤卖银一两,而据《大明会典》记载,永乐二十二年（1424年）,明朝政府折算俸禄的时候,胡椒每斤折合俸钞十六贯钱,而永乐五年（1407年）,一两银子为八贯,可见胡椒在当时的中国,属于价格较高的奢侈品。

可惜,胡椒虽好,却架不住大量囤积。意识到胡椒的价值后,明王朝委托郑和作为全权商务代表,远赴海外谈了个胡椒的大额订单,此后明王朝每年几千吨地买胡椒,以致胡椒"充溢库市"。

更为雪上加霜的是,由于胡椒在很长一段时间里都是值钱的"硬通货",诸多民间百姓并没有意识到胡椒渐渐过剩的情况,海南、云南等地的百姓们甚至专门种植胡椒,梦想有朝一日靠胡椒过上富贵的生活。胡椒的供求关系就这么被完全打破,到了明朝末年,胡椒已经随处可见,彻底变为家常调味品了。想来,明朝后期那些被迫领胡椒抵工资的官员们,到了发薪日只能对着家里成堆的胡椒发愁,晚上想吃个烤肉大餐,还得挨家挨户敲门问:"我有调料,借我点肉,行吗?"

不过,纵观古代官员的薪资发放体系,在绝大部分时期,都是用"硬通货"来发工资的,确实起到了保障生活、规避风险的作用,而随着生产水平、贸易范围的扩大,顺应时势改变"硬通货"的品种，最终用薪资完全取代实物，则是"稀缺与效率——经济学的双重主题"在工资发放环节的运用，"从前慢"也不是事事都想慢，发放薪酬，从古至今，谁不想更快些呢？

第二章 休閑篇

古人的时尚健身运动

要说刘畊宏的毽子操能够成为吸引全民参与的"时尚"运动，正是应了时下人们对运动健身的热衷与需求。不管人在哪里，只要有几平方米的空间，大家就可以尽情蹦跳，享受大汗淋漓的畅快。而古人同样热爱运动，他们的时尚运动，甚至演变成了各大重要体育赛事的竞技项目，深受全球体育迷的喜欢，看看老祖宗的"运动会"项目，我们的运动细胞也会不自觉地活跃起来。

蹴鞠

说起足球这项运动呢，就不得不强调一点，足球其实起源于中国。如今足球作为一项备受欢迎的体育运动风靡世界，而早在几百年前的宋朝，足球就已经成为我们的全民体育项目。高俅高太尉就是凭这项运动发迹的。据《挥麈后录》记载，一次，驸马都尉王诜派高俅到端王府去送篦子刀，恰逢端王赵佶正在园中踢球。高俅在一旁当了会儿观众，便瞧出赵佶球技平平，忍不住露出一脸嫌弃的神色。

谁知，这一幕偏偏被赵佶看到了，赵佶忍不住问高俅："你个小厮，也会踢球吗？"

高俅不以为然地说："我当然会。"

于是，赵佶便约高俅打了一场友谊赛，高俅抓住这次机会，使尽全身的本领花式炫耀球技，一下子把赵佶镇住了。等球赛结束后，赵佶便毫不犹豫地将高俅留在自己的府里。没过多久，宋哲宗驾崩，赵佶成为北宋的一把手，而高俅则幸运地成为赵佶的潜邸旧人，成功混入官场。

那会儿，足球有个很中国风的名字——蹴鞠。

顾名思义，"蹴"就是用脚踢，而"鞠"则是用坚硬皮革包裹着米糠的球，换句话说，"蹴鞠"按字面来看，就是用脚踢坚硬的皮革球的活动。比起现代的足球运动，蹴鞠算是体育界里的老前辈了。据《史记·苏秦列传》记载，早在战国时期，蹴鞠就已经是齐国临淄一带的国民健身运动了。

到了三国时代，蹴鞠进一步发展出伴随着音乐的表演性新玩法。人们踩着鼓点，用头、肩膀、脚、膝盖等部位进行控球表演，一时间让蹴鞠成了全民参与的热门休闲运动，火爆程度不亚于现代的五大联赛,以至于留下了"康庄驰逐,穷巷蹋鞠"的说法。

唐朝时期,帝王们更是利用公休假期来推广蹴鞠运动。他们别出心裁地将寒食节与清明节组成黄金周,一口气放上四至七天假,留足时间让体育迷们好好踢一场球。如此一来,蹴鞠立刻迎来了井喷式发展。用诗人王维的话来说,就是"蹴鞠屡过飞鸟上",而诗人白居易则说这番场景是"蹴球尘不起,泼火雨新晴"。

不仅如此,蹴鞠的用球也在这一时期得到了工艺改良,由实心球变成了充气球,工艺上的进步让蹴鞠重量减轻,弹力增加,解锁了更多样的玩法,吸引了更广泛的粉丝群体,也逐渐奠定了蹴鞠在宋朝时期的国球地位。

击壤

古代"保龄球运动"也是古人闲暇时分的解压方式之一。只不过,那时的保龄球有个更好听的名字,叫作击壤。

击壤的历史可谓是源远流长,有人说它是尧发明的休闲运动,也有人认为它源于原始社会。远古时期,人们狩猎时,常常用手中的土块、木棒等物投击猎物,久而久之就产生了击壤这种游戏。

据三国时期魏国人邯郸淳在《艺经》中介绍:"壤,以木为之,前广后锐,长尺四,阔三寸,其形如履。将戏,先侧一壤于地,遥于三四十步,以手中壤敲之,中者为上,古野老戏成。"

就是说,古人玩这种"保龄球"时,先将一个"壤"侧放在地上,然后在离它三四十步的地方,用手中的"壤"去击打地上的"壤",击中就算获胜。

这款"保龄球"一诞生,立刻成为古人休闲运动的宠儿。南朝诗人谢灵运在他的诗作《初去郡》里,就曾说道:"即是羲唐化,获我击壤情。"而晋人张协则在《七命八首》中说:"玄龆巷歌,黄发击壤。"连"黄发"老翁都在玩击壤,这款休闲运动的普及程度由此可见一斑。

马球

古人和马的关系甚为紧密,休闲运动自然不会少了马儿做伴,除了传统的骑射运动,一项集竞速、骑术、球技等诸多元素于一体的运动也曾风靡一时,这便是我们在影视剧中经常看到的马球。

马球又名"击鞠",早在东汉末年就成为古人喜爱的休闲运动,就连大才子曹植也在《名都篇》中提到"连骑击鞠壤,巧捷惟万端"。据史料记载,18世纪中叶,马球才流传到英美等国家,直到1859年才正式产生了现代马球运动规则,而在奥运会的赛场上,马球也先后五次成为比赛项目。

唐朝时期,马球以锐不可当之势风靡天下。唐朝的二十一位皇帝中,最少有十五位是马球资深玩家。比如,唐太宗李世民就曾别出心裁地将马球与骑兵结合起来,开创快乐工作的先河,将休闲运动融入骑兵的日常训练中。

在李世民的推广下，马球一跃成为唐朝的时髦运动，拥有了大批铁杆粉丝。这其中最为知名的是李隆基，他的球技是公认的出色。从《封氏闻见记》的记载来看，当年李隆基还是临淄王的时候，就曾代表大唐参加吐蕃的马球赛，并且在比赛开始后，以闪电般的速度连连洞穿对手大门，看得台下的唐中宗大呼过瘾，秒变"迷弟"，疯狂叫好。

马球在唐代的受欢迎程度可谓盛况空前，当时社会上还出现了女子球队。用诗人王建在《送裴相公上太原》中的话来说就是"十对红妆妓打球"。

冰嬉

除了夏季运动会的项目，让古人乐此不疲之外，冬季的冰雪项目也越来越多样化，其中在明清时期国民度很高的冰嬉，就是国人早期参与的"速滑"和"花样滑冰"运动。

据《倚晴阁杂钞》记载，明朝时期，冰嬉成为在上层社会流行的一款游戏。北京城里的富家子弟们常常在积水潭的冰面上一口气将十多张"冰床"连在一起，床面放上酒菜，然后一边饮酒、一边滑行。简直是不能再惬意了。

而在清代早期，努尔哈赤已经拥有了擅长滑冰的特种军队，经常以神速突击打得敌人措手不及。入关后，冰嬉仍然是军队的训练项目。在每年的冬季阅兵仪式中，都会有两千名滑冰高手参与阅兵，阅兵的项目也分为速滑和花滑表演两种。

乾隆年间，冰嬉迎来黄金发展期，据《日下旧闻考》记载："冬月则陈冰嬉，习劳行赏。以简武事而修国俗云。"此时冰嬉已经定为"国俗"。康熙、雍正、乾隆三位皇帝都把冰嬉活动的盛况收入自己的"珍藏相册"，宫廷画师们在《雍正十二月景行乐图》《冰嬉图》等画作中，都把冰嬉盛况以画笔定格。从画上，我们可以看到，参与盛典的"选手"们表演的难度动作，可以挑战当今冬奥会的花样滑冰选手，还融合了射箭、飞刀、飞人等杂技、军事训练动作，让人叹为观止。统治者如此推崇的运动，上行下效的趋势自然可以带动民间的冰嬉热潮，而随着冰刀制作技术的进步，这一运动的普及性就更强了。

前面提到的一项项技术难度可以挑战奥运选手的健身运动，都有一定门槛，所以，各式诸如五禽戏、导引术、八段锦等健身操、养生操普及起来则更容易，简单易行、老少皆宜、效果良好，尤其像华佗这种养生"大V"，由其带火的"五禽戏"饱含他多年总结的健身理念，这样的养生精华，传承千年也就不足为奇了。而古人对健身运动的热衷与重视，从司马光的诗句"八十聪明强健身，况从壮岁秉鸿钧"中便可知，即使是文人书生这种"久坐族"，做起运动来也绝不含糊。

古人解压花样多

前面我们谈到了古人远超"996"的工作强度，那么古人在各行各业一起"卷"的时候，又是怎么缓解压力的呢？事实上，古人为了消磨时间、缓解压力，还真发明了不少解压小玩意儿。

要说解压，桌游是个很不错的选择。古代民间非常流行一种叫作"博戏"的解压小道具。据史料记载，我国现在所知最早的博戏叫"六博"，由六根竹制长方形竹片和十二颗棋子组成。早在商朝时代，博戏就是人们最喜欢的玩具之一了，其受欢迎程度不亚于如今的麻将。

到了汉代，博戏的热度依旧不减当年，就连不少达官贵人也成了博戏的铁杆粉丝，其中比较有名的当属辛追夫人。

1972年，考古人员在发掘马王堆汉墓时，在辛追夫人的墓中发现了一套博具，这是迄今发现的最早最完整的博具。若是用一句歌词来形容，那古人对博戏真是"死了都要爱"啊。而除了类似骰子的博戏，一种纸牌版的博戏也在汉朝初期逐渐流行，这便是被称为"扑克始祖"的叶子戏。

相传，叶子戏起源于汉朝，最初是韩信为缓解士兵们的乡愁而发明的一款减压纸牌。不过，对叶子戏的确切记载出现在晚唐时期。《太平广记》中引用晚唐钟辂的《感定录》中记载："唐李郃为贺州刺史，与妓人叶茂莲江行，因撰骰子选，谓之叶子（即叶子戏）。咸通以来，天下尚之。"可见晚唐时期叶子戏已经风靡一时。而《渑水燕谈录》中则专门提到，叶子戏是唐代人气爆棚的游戏，"士大夫宴集皆为之"。

公元13世纪前后，叶子戏漂洋过海到了西方，并发展融合了中外玩法与样式，逐渐演变为现代的扑克牌。

了解到叶子戏的这段身世后，我们就不难理解，为何李约瑟博士会在《中国科学技术史》中，非常明确地提出"中国人是桥牌的发明者"，而西方学者艾伦·特拉克斯特又为何会公开宣称"中国是桥牌的故乡"。

此外，古人还掌握了很多独具本土特色的解压高招，比如"饮酒解压法"。从曹操的"何以解忧？唯有杜康"到李白的"贤圣既已饮，何必求神仙"，千百年来，古人用一杯杯琼浆玉液，凭实力演绎了解压大法的正确打开方式。

晚唐时期,靠着豪饮解压的诗人罗隐就很出名。虽然在人教版的语文课本中,罗隐的《蜂》让无数学子背到天昏地暗,但在文人辈出的唐代,罗隐算是不折不扣的考试"困难户"。他曾连续十多次参加科举考试,结果次次名落孙山,连他自己都忍不住写诗自嘲道:"十二三年就试期,五湖烟月奈相违","今朝有酒今朝醉,明日愁来明日愁"。屡试不第,罗隐选择借酒减压。

除了饮酒,"斗鸡"也是一种长期风靡的"网红游戏"。"斗鸡"又名"鸡戏",最早记载在《左传·昭公二十五年》中,距今已有近两千八百年的历史。唐朝时,斗鸡游戏迎来了一位超级"氪金"大玩家李隆基,他简直称得上是这款游戏的全国形象代言人。也正是因为他,这种解压方式就此进入高光时刻。仅《全唐诗》中就有五十余处提到"斗鸡"一词。无数文人骚客一边玩着斗鸡解压,一边留下一首首灿烂诗篇,就连大诗人杜甫也专门写过一首《斗鸡》,从"斗鸡初赐锦,舞马既登床"这句便可想见斗鸡这一游戏的流行盛况。

然而,虽然斗鸡解压效果是"杠杠的",但架不住成本太高,一些无力负担的民间百姓,便退而求其次,选择性价比更高的"斗百草"解压。

所谓"斗百草",说的是端午前后,百姓们互相比赛寻找奇花异草,以品种新奇、品质高者为胜。唐宋时期,"斗百草"渐渐被改良成一种寻常百姓家的解压方式,其中又有妇女和儿童组成的铁杆粉丝团加油助威。崔颢的诗中也曾提到"闲来斗百草,度日不成妆",可见那时"斗百草"已让玩家沉迷其中,无法自拔。

改良后的"斗百草"成功解锁了多种玩法。普通版玩法是,参与游戏的两人分别选取有韧性的草,将两根草的叶柄及草茎相勾连,而后双方各自拉紧草叶,如拔河一般向自己的方向用力拉,哪一方手中的草先断了便输了。

这种解压法虽然受众广泛,却让一部分玩家觉得含金量不足。于是,古人很快将其升级为进阶版玩法。那就是参赛选手们各自采摘花草,而后以对仗的形式互报花草名,以对仗工整及花草种类多为胜。这种游戏若非学霸都玩不下去。

还有一种解压法就是尖叫,这种解压机制在现代衍生出多种实现方式,比如坐过山车、玩"尖叫鸡",而在古代,尖叫解压的途径就相对简单直接。汤传楹的《闲馀笔话》中就写道:"幽寻宜藉草,澹味宜掬泉。独立宜望山,闲吟宜倚树。清谈宜剪烛,狂啸宜登台。"

就是说,古人"压力山大"的时候,就干脆去看看远处连绵起伏的群山,再不然就跑到高台上,模仿一下"咆哮哥",解压效果瞬间拉满。

不仅如此,古人还想出了"爽致宜临风,愁怀宜伫月。倦游宜听雨,玄悟宜对雪"的解压法。心情烦闷的时候,赏赏月、听听雨,或是在某个雪夜里思考人生,任凭漫天飞雪飘落肩头,衣襟当风,醉了人间山河。

不过,对于古人来说,寄情于山水间的解压方式,远远比不上约几位好友谈天说地来得惬意。孟浩然就曾专门跑去拜访老友,两人"开轩面场圃,把酒话桑麻",边喝酒边天南海北地唠嗑。若将这种情景放在现代社会,只怕又是一个"我有酒,你有故事吗"的新潮热点了。

同样这么做的还有杜甫,只不过杜甫经济条件不佳,只能是"盘飧市远无兼味,樽酒家贫只旧醅",弄点小菜配劣酒,让人分外心酸。但不得不承认,这种方式至今仍然是解压社交的首选。简单如路边摊、大排档,讲究如高档餐厅、主题酒会,都免不了喝喝小酒,侃侃大山,抛开纷扰万千事,一醉方休又何妨。

诚然,压力是相对的,不过古人的解压方式和我们今天的心理调节机制有着异曲同工之妙。说到会玩,古人玩得高雅,玩得有智慧,玩的同时还能留下传世名篇的也不在少数。除了前文提到的《滕王阁序》,还有书圣王羲之的《兰亭集序》、宋徽宗赵佶的《文会图》、春游达人白居易的《钱塘湖春行》《春游》……这种解压方式表现的是一种心态,更是一种生活态度,玩中受益,玩不丧志,这大概就是我们中华民族勤劳能干背后的豁达与乐观。

古代学生的寒暑假

许多人以为,"寒暑假"是现代教育体系下的产物,其实不然,相传早在春秋战国时期,一代名师鬼谷子先生就开始给学生们放寒暑假了。放假的原因还很"奇葩"。据说,鬼谷子老师把教室选在了云梦山上的鬼谷洞里,虽然场地成本低,但是洞里有口山泉,一到夏天水位就上涨,搅得学生根本没法儿上课。无奈之下,鬼谷子只好在每年夏天给学生们放假。

这个故事是真是假已无从考证,但史册中确有记载的是,在汉武帝时期,学生们就有寒暑假了。到了唐代,放假制度得到进一步的规范。《唐六典》中记载:"五月给田假,九月给授衣假,分为两番,各十五日。"这里提到的"田假"相当于古人的暑假,而"授衣假"相当于古人的"寒假"。

颇为雅致的名字似乎昭示着古人的"寒暑假"除了假期本身，还有着跟生产生活紧密的关联。诚然，古人的假期都选在了一年中最适合放假的时节。比如"授衣假"，放假时间是从每年的农历九月开始。因为此时天已转凉，学生们需要回家添置厚衣服，否则在没有空调的古代，学生们冬天很容易着凉感冒，势必耽误学习。

"授衣假"的时间一般为一个月。由于古代交通不便，往返路上耗费时间较长。考虑到学生们的实际情况，汉代的学校就已经进行人性化处理了，特意提出将学生们来回路上的时间刨除在外，不计入授衣假内。不过到了唐代，学校的考勤管理严格了起来，各大学校都要求学生们在规定的时间内按时返校。

若是家离得远的学生实在赶不回来，必须提前申请延长假期，否则，等到收假时，一旦有学生被发现逾期不回，就会根据逾期情况受到不同程度的惩罚，严重的会被开除学籍。

于是，每年寒假收假时，古代的学生们便会上演一次"春运"。与之相对应的当然还有暑假，但是也仅有短短的一个月，对家在外省的学子来说，那可真是在家的时间还没有路上的时间长。

暑假一般被安排在每年的农历五月。因为这时刚好是农忙时节，学生们回家后能够帮着家里干农活。由于这段时间学生们会集中从事田间劳动，因此这个假期也就被称作"田假"了。

国子监等学府执行寒暑假政策时，初级学堂则采取一年三次开学的人性化做法。比如汉代崔寔在《四民月令》中就提到，初级学堂在每年正月农事结束、夏季八月暑热退却和冬季十一月砚冰冻时安排学生入学，这种一年放几次假的教学模式，就相当于现代部分学校的学生们在寒暑假之余，还要放春假与秋假的先行试验了。

到了南北朝时期，冬季开学成了主流。据《北齐书》介绍，学生们的放假时间与开学时间发生变化，主要是因为春夏时节，学生们可以留在家里帮助家长做农活，而冬季通常是农闲时间，学生们便可以返校上学了。

然而，官方建议的开学时间真到了具体执行环节，乡间学校常常根据农业生产情况，将开学时间调整为农历十月，以至大诗人陆游都在诗作中提到"儿童冬学闹比邻"，还顺手附注一句"农家十月乃遣子入学，谓之'冬学'"。

说来奇怪，古人冬季的农活虽然不多，但对于一些以务农为生的家庭来说，家中的孩子是重要的劳动生产力，就这么送去上学了，等到开春，家里的农活谁做呢？

对于这个难题，古人早已想好了应对之策。他们将冬学的时间安排得很短，大多数学校的教学时间通常定在三个月左右。比如明代的冬学就是从前一年的腊月开始，到本年的三月结束。不过，偶尔也有学校"加量不加价"，华丽地将冬学拉长到一年。当然，这样的学校在当时是少数。

由于冬学上课时间很短，因此安排的课程内容有限。参加冬学的大多是农家贫寒子弟,他们读书的目标不是考状元,而是能识得几个字就可以。

相对于大多数学校冬季上课犹如"扫盲班"一样的教学模式,明代的春学便显得"分量十足"。当时,流行的春季上课时间分为"八月制"与"十二月制"两种,也就是说,学生们一旦开学,需要连上八个月,如果遇到"鸡娃"的学校,则要足足上一年。

不过毕竟学生不是铁打的,紧张的神经总要放松一下,哪怕是可怕的"十二月制"上课模式,学生们依然能够拥有一个短暂的假期。这是因为当时的学校统一将开学时间定在正月十五日元宵节后,而放假时间一般是年底春节前。这样看来,学生们还是能在春节期间休大假的。

"八月制"的开学时间虽然也是元宵节后,但每年八月底就安排期末考试了。想想那些"十二月制"的学生,学期刚刚过半,就看到"八月制"的学生已然结束了一整个学期的学习,内心将是如何地羡慕嫉妒恨。

据史料记载,明代的小学明文规定,学生们平时上课时只有在每个月拜谒孔子的那天放假,至于法定节假日及周末假期是不存在的。失去寒暑假的并不只是小孩子,因为史料中提到的"小学"指的不是现代教育体制下"小学生们的学校",而是相对于"大学"而言的另一种教学场所。那时候的"大学"主要以教授诗书礼乐为主,而"小学"主要教授文字训诂。

值得一提的是,古代不只有学生放寒暑假,有时劳动人民也能享受到寒暑假的福利。比如宋真宗大中祥符六年（1013年），天气突然热得"没朋友"，"老板"宋真宗为了表达对下属们的关怀，特意下旨批准在京的工匠们连休三天假，算是让广大职工享受了一次袖珍版的暑假。无独有偶，到了宋哲宗元祐四年（1089年）的夏天，京师再次发布高温警报。这时，宋哲宗也效法宋真宗的做法，再次给京城的工匠们放了三天高温假，算是将人性化管理贯彻到底。

不过，这样体恤员工的老板并不容易遇到。更多的时候，古人是在家长"鸡娃"与老板的压榨中艰难度日，连原本少得可怜的寒暑假也要被克扣。到了清代嘉庆年间，那本吓哭无数小孩的《义学条规》横空出世。在这本集学生守则与"公司"考勤制度于一本的文书里，就赫然写着"长不辍耕，幼不辍读，暑日休务者，薄其饩廪"。

这句话翻译过来就是：炎炎烈日下，大人不能停止劳动，孩子们不能停止读书，如果学校的老师或者家教老师敢给学生放暑假，家长则有权扣除老师的工资。如此一来，学生们的暑假就算是彻底泡汤了。可怜广大的学生们只能忍受着高温酷热埋头苦读。一直到清朝末年，学子们才再次看到寒暑假的希望。

这种转变主要是因为西学东进。清朝末年，大量的外国传教士来中国办学，将西方的教育模式也带到了中国。渐渐地，人们发现外国人办的教会学校到了三伏天就放假了，这无疑颠覆了旧私塾里教育人士的传统观念，给中式传统教育带来很大的冲击。

在西方文化的影响下，清末重臣张百熙主持制定了著名的"壬寅学制"，极大地促进了新式学堂的发展，之后"癸卯学制"的诞生，也让真正意义上的"寒暑假"走进了广大学子们的求学生涯，并延续发展至今。

古人的"生日派对"

现代人过生日,总讲究个仪式感,吃饭唱歌已经是常规操作,开个热闹有趣的"生日派对"也是很多人乐于选择的形式。古人过生日时,虽然不会像现代人一样吃生日蛋糕,但该有的仪式可一点也不少,而且古人的"生日派对"还是原汁原味的"中式 style"呢。

古人的"生日派对"从给生日起名开始。他们饶有兴致地将生日叫作"诞辰"。其中,六十岁以上老人的生日也叫作"寿诞"。如果是特殊年龄的生日,还有专门的雅致称呼。比如,古代一岁孩子的生日就称作"旬岁",这里的"旬"是"满"的意思,"旬岁"指的就是小孩子周岁。

等到孩子大一些，便开始对各种玩具感兴趣。"小儿五岁曰鸠车之戏，七岁曰竹马之戏。""鸠车"和"竹马"都是古代儿童喜爱的玩具。或许是不同年龄段的孩子喜爱的玩具有所不同，古人便根据各个年龄段孩子喜爱的玩具特点，来指代孩子们相应的年龄。

玩着玩具的小孩子，似乎总是在家长的关注中一晃眼间便长大成人。不同于现代人十八岁进入成人世界的法律规定，古代的女子十五岁便宣告成年，而男子则是在二十岁才能有成人礼。

在一些现代人看来，步入成人世界的生日理应举办盛大的派对庆祝。然而，古代人的成年礼却往往过得很低调，这并非他们不想过生日，而是古人过生日对年龄有严格的要求。

一般来说，只有六十岁以上的老人才做寿，这还是在南北朝以后才渐渐形成的风俗。不过，《诗经》中就出现了"跻彼公堂，称彼兕觥，万寿无疆"的记载，这无疑反映了先秦两汉时代便有了献酒上寿的礼俗。

这种礼俗与历史事件结合在一起，时常成为震惊天下的头条新闻。比如战国时代，燕太子丹邀请著名的"赏金猎人"荆轲干一票刺杀秦始皇的大买卖时，专门在临行前设酒宴请荆轲，酒酣耳热之际，"太子起为寿"，荆轲就此意外收获了一份生日祝福。

其实，太子丹并不知道荆轲的生日是哪天，他在酒桌上给荆轲送生日祝福，完全是因为当时的习俗里，人们可以随时随地献酒上寿，并不拘泥一定是在生日当天，人们"上寿"也是在表达一种美好祝愿。

这与现代人只在生日当天送祝福的习俗差异很大,但不变的是千百年来延续的送生日礼物的环节。古人举行的"祝寿"活动中,常常伴随着送寿礼。同样是战国时代,另一位"金主"严仲子请刺客聂政刺杀韩国贵族侠累时,就打着给聂政母亲庆祝生日的旗号,送来了黄金百镒作为生日礼物。

那么,古人的生日礼物送得这么随意,真到了生日当天,他们还送不送礼物呢?

商周时代,只有贵族才有资格登记生日。这样的特权让商朝的天子们干脆拿着生日当名字,以致产生了"太乙""外丙"等天子名讳。

到了南北朝时,寻常百姓们才渐渐有了过生日的意识。据北齐颜之推的《颜氏家训》记载,当时江南地区的小孩过一周岁生日时流行"抓周",大人们会将各种物品放置在孩子面前,任凭孩子抓取,抓到的东西则预示着孩子将来的成就。

成人过生日时,感恩才是永恒的主题。据史料记载,南北朝时期,人们会在生日当天表达对父母养育之恩的感激之情,硬生生将生日过成感恩节,而父母去世的人们则不再过生日,以此来表达对父母的怀念和感恩。这一习俗流传百年,直到唐玄宗上台后,他自己创造了一个节日——千秋节,并宣布全国放假三天,专门用来庆祝自己的生日。

据史料记载,开元十七年(729年),唐玄宗在自己生日那天，高调地请百官到花萼楼来大吃大喝。百官向玄宗进献万寿酒，并送给玄宗金镜绶带和以丝织成的承露囊作为生日礼物，君臣们还一起在"生日派对"上赋诗唱和。

唐玄宗开"生日派对"的举动让生日的主角正式从父母转变为寿星本人。此后，唐朝的皇帝们都效仿唐玄宗，创造出各种专用于为自己庆祝生日的节日。各地节度使们、官员们一看，皇上这么喜欢过生日，马上安排使者送来大量奇珍异宝，瞬间让古人的"生日派对"热闹了不少。

宋代时，不但朝廷百官要过生日、收礼物，民间的生日庆祝活动也渐渐流行起来。苏轼留下的《东坡全集》里就保存了不少祝寿的诗词，而在苏轼自己的"生日派对"上，写诗词更是成为"派对"中不可或缺的保留节目。

比如元丰五年（1082年）十二月十九日这天，苏轼迎来了自己的四十五岁生日。当天苏轼约了三五好友，一起去长江边上的赤壁矶下摆酒庆祝。大家一边喝酒，一边欣赏江畔美景，突然听见江面上传来了悠扬的笛声。

这时，有两位参加"生日派对"的宾客说："这笛声颇有新意，可不是一般的乐工吹奏的。"

苏轼听后，忙派人去打听吹笛人的身份。一问之下，才知道那人名叫李委，今天是专程来为苏轼的生日献曲的。李委带来的文艺演出让苏轼十分惊喜，但一首曲子实在听得不过瘾，苏轼忍不住请李委再多表演几个节目。

李委也不推辞，拿起笛子就在现场开起了"个人演奏会"。苏轼和一众宾客都听得如痴如醉，谁料这时李委突然停下演奏，从怀里拿出早就准备好的纸笔，对苏轼说："我对您别无所求，只盼能得到一首您亲手写的诗词就此生无憾了。"

苏轼听后，当即应李委之请发表了一篇原创作品："山头孤鹤向南飞，载我南游到九嶷。下界何人也吹笛，可怜时复犯龟兹。"

令人遗憾的是，苏轼在"生日派对"上与友人互动的快乐，寻常百姓们是感受不到了。他们没有能力举办这般文雅铺张的聚会，只能在"生日派对"上用米粉或面粉蒸些"寿桃"，再配上些茶点寿面来款待亲朋。

除了茶点零食，古人还要在"生日派对"上设寿堂、挂寿联、摆寿宴。寿联上一般会写上"福如东海，寿比南山"之类的吉祥话，寿宴则根据各地的口味不尽相同，一些殷实人家还会在"生日派对"上安排戏曲文艺汇演。

不过，在观看戏曲表演之前，古人还得经历一个隆重的环节，那就是行寿礼。传统的寿礼有一套讲究的流程，通常先要摆上寿烛增添喜气，而后挂上寿幛，布置寿堂，再四处张灯结彩，精心装潢布置。

不同的是，现代人的生日派对上，可以众人齐聚一堂，互相整蛊，而古人的"生日派对"就非常讲究礼节。参加古人的生日宴，要按照长幼尊卑坐在固定的位置。像现代人生日派对中所有人聚在一起玩游戏、进行蛋糕大战的场景，古人可是想都不敢想啊。

如果遇到长辈过生日，那么参加"生日派对"的晚辈们还要按照辈分的不同而采用相应的礼数给长辈上寿，一般子侄辈要对着寿星四拜，但客人们往往只到寿堂礼拜，主人家则会派出儿孙辈齐到堂前还礼。

独特的生日仪式彰显了古人的礼仪素养，也体现了中式生日派对的独特文化内涵。那一声声祝福、一系列的拜寿之礼的背后，有对福寿的期盼与向往，也有对父母长辈的感恩与敬意，或是对亲朋的珍视与友爱。虽然没有今日的生日派对那般自由自在，但其中饱含源远流长的中华文化，也是另有一番情怀和乐趣。

古人如何打发无聊时光

无聊的时候,你都会做些什么?

看到这个问题,不少现代青年一定会说:"宅家看剧刷视频,旅游更博打网游,我不怕无聊,就怕这点无聊时光不够我打发。"

诚然,身处信息化社会的现代人,早已有了诸多打发无聊时光的手段。然而,在没有网游和手机的古代社会,人们又是怎样打发无聊时光的呢?

1979 年,考古人员在贾湖遗址的挖掘过程中发现了一座墓葬,编号为 M282,里面保存着一具完好的尸骨和六十多件随葬品,其中在墓主左股骨的两侧,各有一支来自新石器时代的骨笛。

这便是举世闻名的"贾湖骨笛"。经测量，其中一支骨笛全长 23.6 厘米，由鹤类动物的尺骨制成，笛身上钻有七个分布均匀的圆形音孔。经测音，可发出完备的六声音阶和不完备的七声音阶。

据考古人员推测，拥有这支骨笛的墓主人生前可能是部落酋长，而这支骨笛很可能是墓主人的演奏乐器。由此看来，早在史前时代，古人或许已掌握了依靠简单的乐器打发无聊时光的"绝技"。

无聊时就出去走走。到了晋代，士大夫阶层又开始开发新的玩法——寄情于山水，用来打发无聊的时光。这其中，最为著名的当数王羲之呼朋唤友共游会稽山，旅行途中，大家流觞曲水，以文会友，留下名传千古的兰亭雅集。

说走就走的旅行将一众文人墨客的无聊之感驱逐殆尽，但是说实话，这样的旅行，点到为止就好，若是常常想着诗与远方，容易一言不合就辞职，反而让生活加倍无聊。

对于这一点，不为五斗米折腰的陶渊明深有体会。自从陶渊明"归去来兮"后，便时常能体验到打发无聊时光的酸爽之感，所幸陶渊明也不含糊，打发时光的办法都是后世的"标杆"，喝酒、弹琴、种地……这么多事情做下来，陶渊明要么在"山气日夕佳，飞鸟相与还"中流连忘返，要么在"采菊东篱下，悠然见南山"中怡然自乐，在后世人看来，都是神仙般悠游自在。

不过，陶渊明是浔阳望族，祖父还做过一方太守，因此，再怎么说他也算是个中产阶级。何况那些家里没出过名人的土豪富二代们个个都想沾沾陶渊明的名气，导致陶渊明经常辗转于各种饭局酒局，家里都不用准备他的伙食了，倒是省了不少饭钱。如此一来，陶渊明打发无聊时光的方式又多了一项——会友。

陶渊明过于火爆的人气，让千年后的鲁迅先生也忍不住吐槽道："纵使陶公不事生产，但有人送酒，亦尚未孤寂人也。"

瞧瞧，陶渊明不但不孤寂，还挺享受生活的，而与陶渊明的方法有异曲同工之妙的是同为文化人的金圣叹。

虽然金圣叹"拼爹"拼不过陶渊明，但人家善于发现生活之美。平日里无聊的时候，金圣叹就从生活中的小事里寻找快乐，比如闲坐在家里听雨声，或是从家里的旧箱子中翻出珍藏着的朋友书信，再不然就出门放放鞭炮，到草原上看"野火烧不尽"的小草顽强地生长。一番探索之下，小小的无聊早就被金圣叹抛之脑后了。

而作为文人，用读书打发时光也是一个静心醒脑的选择，不过，金圣叹从小就对科举考试的"教科书"《大学》《论语》《中庸》《孟子》等兴趣缺乏，反而特别喜读《忠义水浒传》《三国演义》《西厢记》等小说，尤其《忠义水浒传》，那可是他此生的挚爱，他甚至还将自己认为是罗贯中狗尾续貂的后五十回删掉，推行了一版《金圣叹点评版水浒传》，只让众梁山好汉的故事发展到"排座次"，并以梁山好汉团灭的噩梦，预示着他们的结局。喜欢看小说的他不仅爱写"书评"，还喜欢发布排行榜，将《离骚》《庄子》

《史记》《杜甫诗》《水浒传》《西厢记》定为"天下六才子书"。

不过,金圣叹打发无聊时光的方式虽然花样百出,但在古代的官绅阶层看来也不过尔尔。作为掌握了大量社会资源的"上层人士",古代的官绅们打发起无聊时光来,则是选择更多、讲究更多。无论是向外拓展的社交活动,还是向内深造的个人志趣,可谓是丰富多彩。例如我们时下热爱的音乐,在古代就只有现场版。爱好音乐的文人雅士,常常三五好友,齐聚于雅室庭院,或者风景优美的户外,抚琴吟诗,焚香品茗,饮酒作画,仪式感和文艺感十足。当然,邀请优秀的乐人来府上表演一场"私人音乐会",也是不错的享受。"音乐会"的现场,我们可以从唐代墓葬内的大量壁画里一窥风采,也可以从《韩熙载夜宴图》这样的画作中探究细节。

除了私人订制版现场表演,古代的官绅阶层还喜欢通过养宠物来打发无聊时光。东晋时期,"王与马共天下"中的王家子弟王羲之就是个养鹅狂热爱好者。这样的宠物对于现代人来说可能有些另类,但古人可不管宠物是不是非主流。东晋时期,佛学家支遁把丹顶鹤当作宠物来养,因为他觉得丹顶鹤的体态优美,飞翔的时候有青云之志的观感。到了南宋时期,权臣贾似道把蟋蟀当成宠物,还特地为自己的蟋蟀著书立传,亲笔写下一本《促织经》。

清朝重臣张之洞也是个宠物爱好者。不过,张之洞养的是"喵星人"。这下子总算是远离了古人奇怪的宠物界,无缝对接上了现代主流宠物圈。作为一名合格的"铲屎官",张之洞的闲暇时光里,充满了养猫的无限乐趣,以及给"猫主子"打扫卫生的"无上光荣"。

当然,养宠物只是古人对付无聊的热身赛,聪明的古人打发无聊时光的方式还有很多。用明代张岱的墓志铭中的话来说就是:"好鲜衣,好美食,好骏马,好华灯,好烟火,好梨园,好鼓吹,好古董,好花鸟,兼以茶淫橘虐,书蠹诗魔……"

单看这条墓志铭,也能直观地感受到古人丰富多彩的闲暇生活。喜欢做的事情这么多,我看需要担心的恐怕不是不知道如何消磨时光了,而是时间都去哪儿了。

古代夜猫子熬夜都在干什么

不知从何时开始,有关熬夜党的话题频频登上热搜,越来越多的人在深夜一边忙着各种工作和娱乐,一边担心脱发、伤肝、猝死……伴随着这种纠结的心态,夜生活时间拉长已经见怪不怪,早睡早起反而成为很多人需要"打卡"才能养成的好习惯。一说到夜晚,很多人脑海中立即勾勒出一幅车水马龙、人声鼎沸的城市夜景,而在宋朝以前,古人却不太容易感受到这繁华的夜色,因为在很长一段时间里,古代的宵禁制度执行起来那可是比吃饭都准时。

从周代到唐代,古代的大中型重要城市规划基本上都集中在北方,而北方的地形地貌,又促使古人将城市设计成里坊制格局。

就拿唐代的都城长安来说，盛唐时的长安，共有一百零八个坊和两个市，其中每个坊有两米半到三米厚的坊墙，而坊门则在日出与日落敲钟击鼓时定点开关，从而将长安城划分成一个个独立的"小区"。

实行宵禁后，各个坊的坊门一关闭，整座城市的主干道就只剩下巡夜人员，再无闲杂人等出入。如此一来，既能够防止敌人的密探混进城来，保证居民安全，又能防止灾荒时期流民涌入城里，破坏城市治安。

那既然无法出门，人们在晚上都能干些什么呢？

刘向的《说苑》里就记载了这样一个故事。春秋时期晋国晋平公同著名音乐家师旷闲谈，晋平公说："我今年已经七十岁了，很想学习，但恐怕太晚了。"师旷说："你为什么不点起蜡烛呢？"可以说，挑灯夜读是很多读书人的选择。唐代名臣、大书法家颜真卿也曾在《劝学》一诗中写道："三更灯火五更鸡，正是男儿读书时。"

除了读书，古人也会加班，《诗经·豳风·七月》中的男子"昼尔于茅，宵尔索绹。亟其乘屋，其始播百谷"。劳苦人民的夜晚，依然要为衣食住行奔波劳作，白天割下的茅草要在夜里赶着搓成绳索，抓紧时间上房修好屋，因为开春还得忙着种百谷。女子在夜晚也不闲着，有忙着为公家养蚕缫丝的，也有忙于家务的。

当然，不是人人的夜晚都要如此辛苦，随着社会的发展，丰富的娱乐休闲活动也开始从上层社会发展到平民阶层。汉朝时期，随着社会安定、休养生息、粮食产量提升，酿酒业发展，饮酒不再是贵族独享。不过汉文帝时期推行的"禁酒令"规定，只有在腊日、伏日、社日以及各种节日、结婚日、大脯日才能饮酒。虽然宴饮成为老百姓的限定欢乐，但有美酒、亲朋的喜庆的夜晚自然是美滋滋的。而在魏晋之后，饮酒的禁令不复存在，对于忙了一天的人来说，小酌几杯甚至畅饮几杯就成了一种很有效的解压方式。

尽管宵禁制度严格，但是在汉朝，一些地方已经延长营业时间，有了夜市的雏形。而且，在某些特殊的日子，百姓也会被允许上街。

比如上元节（元宵节）这天，朝廷会取消宵禁，全城百姓都能获得一次难得的狂欢夜福利，一时间大街小巷人头攒动，到处都是出门赏灯的游客。集中爆发的周边游，也让百姓们感受了一把"人从众"的火热，路痴小迷糊们此时可能就面临着与朋友走散找不到回家路的烦恼了。但是，他们倒也洒脱，在没有导航、没有电话的上元夜，人们不急着问路，悠然闲适地逛着，有时还真能在蓦然回首时，于灯火阑珊处遇到自己的意中人。

到了唐朝时期，在宵禁令的管控下，虽然城市的主干道上冷冷清清，但城中各个里坊却形成了一个个小社区。特别是唐朝中期以来，商业渐渐渗入坊间，更是让人们的夜生活愈发丰富多彩。长安城各个坊中都有纵横全坊的十字街和小巷，每到夜间，这些看似不起眼的小街，就成了一片欢快的海洋。比如务本坊西门便自发形成了夜市，百姓们喝酒撸串闲逛，有时一玩就是一晚上。

务本坊夜市狂欢的热浪很快传遍了整个长安城，其他里坊一见，纷纷发展起夜间经济。这其中，夜市办得最热闹的当属安南崇仁坊。据《长安志》记载，崇仁坊"尽夜喧呼，灯火不绝"，看起来这夜市的规模简直能撑起一座大唐不夜城了。

夜市的蓬勃发展大大削弱了朝廷宵禁令的效力，唐文宗气得七窍生烟，忍不住化身咆哮哥，高呼道："京夜市，宜令禁断！"

"喂喂喂，你们不许搞夜市！城管队呢？快点把这些摊位都取缔了。"唐文宗令行禁止。百姓们一边应付着"是是是，干完今天不干了"，一边用实际行动默默地表示"呵呵，都是骗你的"。

过了段时间，朝廷派人来督查政策的执行情况，结果惊讶地发现夜市不但没消失，反而壮大了不少。长安城里的夜市摊从零星的几家变成了几乎全民参与，各种坊竟然还像现代的美食论坛一样，评比出了各自的拿手菜和网红店，吸引了不少附近的居民前来"打卡"。

不仅如此，长安城外的夜生活也如雨后春笋般发展至全国。唐朝中期，诗人王建有次去扬州旅游，发现扬州城里"夜市千灯照碧云，高楼红袖客纷纷。如今不似时平日，犹自笙歌彻晓闻"，而这样的狂欢场面在晚唐诗人薛逢的诗词中，就变成了"洛阳风俗不禁街，骑马夜归香满怀"。到了北宋初年，由于无力扭转人们的夜间娱乐习惯，朝廷将宵禁时间从一更改到三更。

饶是如此，随着城市人口大幅度增长，夜市经济长足发展，三更宵禁后，依然有人娱乐到天明。宋仁宗时期，朝廷顺势而为，自1063年起，开封取消宵禁。当时的东京（今河南开封）"店铺夜市不可细数"，稳稳坐上了超级不夜城的宝座。

除了去夜市这样包罗万象的娱乐场所，古人在家中自娱自乐的花样也越来越多。铺张一点，花钱请来弹奏的、唱戏的、说书的、跳舞的……在家里近距离观看表演，顺便再办个诗会、酒会；经济实惠的，约上三五友人来家里，喝喝茶、侃侃大山、下下棋……而我们今天玩的很多游戏的"初代版"都是古人打发夜晚时光的利器，比如古代版"大富翁"彩选格，古代版"古代飞行棋"樗蒲等。

不过玩归玩，乐归乐，总是在夜间响起的织机声才是大多数古代熬夜党最真实的生活写照。

第三章 爱情篇

古人"朋友圈"的爆款告白文案

现代的青年男女们,谈场恋爱总是想跟全世界的人分享自己的甜蜜。于是,在朋友圈里秀恩爱成了当代青年表达爱意的重要方式,似乎谈恋爱不发个朋友圈,就没领到"脱单成功"的认证盖章。

可是,没有朋友圈的古代,热恋中的人难道就不想秀一秀恩爱吗?他们把热乎乎的"狗粮"撒到哪里去了呢?他们的"朋友圈"都发了些什么?

面对爱情,万般滋味激发的创作欲望,是藏也藏不住,古人很喜欢借助文字,记录下爱情的酸甜苦辣,而这些作品无论是通过怎样的方式流传出去,就成了他们晒在"朋友圈"的文案。而要说古人的诗词水平那是"杠杠的","朋友圈"随手发一首诗词,就能将热恋中的种种滋味演绎得既雅致又押韵,那可真是分分钟秒杀现代人的土味情话,引得无数后人"自动转发"。

古人点击率较高的诗词,当属"乐府唱片公司"出品的《长相思》。这"长相思"本来出自金牌作品《孟冬寒气至》中的一句:"客从远方来,遗我一书札。上言长相思,下言久离别。"或许是因为这张"白金唱片"流传度太高,以至于"长相思"三个字被提炼出来成了词牌名,为千百年来无数热恋中的人提供了"朋友圈"最佳文案模板。

率先使用《长相思》发布"朋友圈"的,当属多情帝王李煜。他在《长相思》中以一句"一重山,两重山,山远天高烟水寒,相思枫叶丹",含蓄地吐露着相思之情。

紧随李煜步伐的还有宋代词人万俟咏。他略微改动了下李煜的意境,将词句换成了"一声声,一更更,窗外芭蕉窗里灯,此时无限情。梦难成,恨难平,不道愁人不喜听,空阶滴到明"。没想到,这番改动大获成功,引发众多好友点赞,还让这版《长相思》中的"空阶滴到明"成了千古金句。

万俟咏版的《长相思》火遍"朋友圈"后,另一位词人石孝友不甘示弱,也在"朋友圈"里发表了一首《长相思》:"你又痴,我又迷,到此痴迷两为谁,问天天怎知。长相思,极相思,愿得因缘未尽时,今生重共伊。"

这条"朋友圈"文案可谓是简单直白,直接将"长相思"三个字写到词里。满满一碗"狗粮",喂饱了所有围观路人,也让后世拿着《长相思》发表朋友圈的人们忍不住纷纷吐槽,石孝友真是"钢铁直男",写首情诗也不知道表达一下含蓄之美。

万千吐槽声中,明代那位写了"滚滚长江东逝水"的杨慎以极强的执行力率先向万俟咏版的《长相思》发起挑战。只见杨慎一改自己词中豪放霸气的风格,以细腻的笔触将雨夜难眠的场景嵌入诗词中,融情于景写出了表达热恋心情的朋友圈爆款文案:"雨声声,夜更更,窗外萧萧滴到明,梦儿怎么成。望盈盈,盼卿卿,鬼病恹恹太瘦生,见时他也惊。"

杨慎的《长相思》一经发表,便惊呆了身边的朋友,也雷倒了不少现代人。

虽然《长相思》已走红古人"朋友圈"数百年,但总有一些颇具个性的文艺青年要另辟蹊径,用原创文案为"朋友圈"添加一抹别样的色彩。

比如辛弃疾,他的那句"众里寻他千百度,蓦然回首,那人却在灯火阑珊处",已经成为一见钟情、久别重逢等爱人相遇的必写桥段,不仅词句感染力强,语言张力也很大。

在他之后的另一位文艺青年另辟蹊径,用一段关于热恋的文字,讲述了一段无关年龄、无关国界,乃至无关物种的爱情故事。

故事发生在 1205 年,当时十六岁的元好问在赴并州考试途中,无意间听到一位猎人提到,前不久打猎时看到天上有两只大雁,猎人一箭射中其中一只雁,另一只雁看到同伴被捕杀,没有自顾自地逃命，反而先是哀婉地围着同伴的遗体飞翔，然后一头冲向地面自尽殉情。

元好问不禁被两只大雁的爱情感动，他从猎人那里买下两只大雁，然后将它们合葬在汾水，还给它们的墓地取了一个好听的名字——雁丘。随后，元好问坐在雁丘上，发表了一条"朋友圈"文案《雁丘词》，其中第一句便是："问世间，情是何物，直教生死相许。"

这句"朋友圈"文案经过后世"击鼓传花"般地传播，最终变成了"问世间，情为何物，直教人生死相许"，感动了无数小情侣，并且在数百年后走红朋友圈，也算是真爱没有界限的直观体现了。

除了写诗，情真意切的长文也常常是刷屏古今的热门帖。比如明代散文家归有光在《项脊轩志》中写道："庭有枇杷树，吾妻死之年所手植也，今已亭亭如盖矣。"流年似水，寸寸相思与依恋，日日尽在不言中。无独有偶，沈复的《浮生六记》则像回忆录式的生活日志，把妻子陈芸可爱、灵动、温婉、深情、贤惠的种种特征刻画得淋漓尽致，也把自己的深情与怀念渗进了字里行间。

正所谓"愿有岁月可回首，且以情深共白头"。热恋的悸动与热情退却，陪伴是最长情的告白。古人也和我们一样，在"朋友圈"里撒着不同口味的"狗粮"，却也在秀恩爱的时候，向全世界宣布：我相信这份爱能够滋润余生。

古人追女生也套路满满

自古以来,"脱单"都被看成人生的头等大事,可是在封建的古代社会,女子参与社会活动的范围非常有限,又受到礼教的制约,能接触到男子的机会并不多。但这并不能阻挡广大男士追求"伊人"的步伐,而且为了抱得美人归,这些男士也是"八仙过海,各显神通",其中不乏一些成功率比较高的"套路",被古人一用再用。

古人对谦谦君子格外偏爱,而谦谦君子当然不会像现代人那样直截了当。在他们看来,氛围必须要到位,心意必须要真切,挥毫写下一首首让自己和佳人沉浸在粉红泡泡里的情诗,可是打开女神心扉的一把钥匙。

至于何时开始流行"为你写诗",最早可以追溯到遥远的殷周时期。一位貌美的女子在树林中散步,走着走着,突然看到一头被猎杀后用白茅草捆住的野兽,远远看去似乎是小鹿或是獐子。女子正纳闷儿这头野兽是从哪里来的,就见一位靓仔向野兽走去。原来靓仔心仪女子的美貌,就特地捕了这只野兽来讨好她。

当然,想要追到女生,光有礼物哪成啊?见女子正望向自己,帅哥立刻高声吟咏:"野有死麕,白茅包之,有女怀春,吉士诱之。"短短一句诗,立刻烘托出"爱慕佳人"的氛围。

纯真质朴的追求方式固然容易打动少女的心扉,可"仪式感"不是现代人才讲究的,古人也很讲究。

比如《诗经》里就有记载"窈窕淑女,琴瑟友之","窈窕淑女,钟鼓乐之"。这就是说,古人会借助音乐演奏来打动美人心。如此举动,可见"她来听我的演唱会"也并非我们现代人的专属浪漫。

十足的阵仗不是人人都能办得到的,挖空心思送一些极具纪念意义的小礼物也常常能事半功倍。这里说的礼物,自然不是周朝时那种原生态的死獐子。向喜欢的女子表明心意,自然要选择代表自己内心的事物,比如古人认为"谦谦君子,温润如玉",送玉佩既不会唐突了佳人,又能给对方留下节制有礼、充满绅士风度的好印象。

同样具有美好寓意的礼物还有簪钗。所谓"簪",是古人用来绾发的饰品,而"钗"则是由两股簪子交叉组合的首饰。古人认为,赠簪代表了恋爱告白,而分钗合钿寓意着重逢,因此这两种首饰也就成了古人的追爱"神器"。

另一种浪漫又诗意的礼物,便是红豆。早在唐朝,王维就有诗作:"红豆生南国,春来发几枝?愿君多采撷,此物最相思。"需要说明的是,王维虽然赞同拿红豆作为礼物,但他写这首诗时,主要是怀念好友,这红豆也是送给友人的,并不是想用红豆来描写爱情。谁料王维的"广告诗"写得太成功,意外解锁了红豆的礼品功能。说不定那些想破头也想不出来该送什么礼物给女生的人,看到王维的"广告诗"后便会豁然开朗。

都送红豆,那种"特别的爱"就失去了独特性,后世之人又别出心裁地将红豆与骰子一起搭配,再配上一句"玲珑骰子安红豆,入骨相思知不知"的文案,瞬间让人破防。

除了这种含蓄的方式,先秦时期,春游是一条很直接的脱单途径。当时,人们的观念束缚相对较少,春游的地方往往就是一个大型相亲现场。趁此机会,和心爱的女子谈天说地,嬉笑游玩,展现一下自己的才艺和魅力,说不定就可以有情人终成眷属。不过,随着封建思想日益渗透进古人生活的方方面面,这种自由恋爱的方式越来越难以实现。

不过,千百年来,人们追求爱情的初心依然,透过流传至今的文艺作品和民间传说,为爱而感受到的悲喜依然能够与我们发生共鸣,也常常升级为现代人的追爱道具,让现代人也文艺一回,诗意一回。

古代男人也怕老婆

在社交媒体上秀恩爱已经是再平常不过的事情了。和以往不同的是，如今有的男士更愿意通过"怕"的形式来表现自己对另一半的爱，因为这种"怕"的背后，往往是"偏爱""宠溺"与"我看着你闹，看着你笑"……一众网友、亲朋看到，不仅会被逗笑，还会被迫吞下一大把糖。

可"怕老婆"不单单是现代人秀恩爱的方式，其实古代也不乏这样的恩爱夫妻。你可能会说，古代可是男尊女卑的呀。其实，"怕老婆"并非身份地位上的绝对压制，而是在爱人之间长久以来秉性、习惯、家庭环境的相互作用下形成的相处模式。

"青梅竹马"的美好来自少时相伴、长大后相知的一路同行。

不过，少时天真恣意、两小无猜的相处模式，延伸到成婚之后，除了相濡以沫，往往也会出现"怕老婆"的情形。

先来看看在大男子主义盛行的古代社会，"怕老婆"的现象是怎么产生的。明代谢肇淛在《五杂俎》中说到"妻管严"时，提到了以下三个原因：

第一，贫贱相守，艰难备尝，一见天日，不复相制。

第二，枕席恩深，山河盟重，转爱成畏，积溺成迷。

第三，齐大非偶，阿堵生威，太阿倒持，令非己出。

什么意思呢？一是青梅竹马的结发夫妻，两个人可能共同经历过贫贱的生活，日子一点点好起来了。可随着时间的推移，因为某种原因，妻子成为婚姻与家庭生产生活的主导者，拥有了一定的话语权，丈夫也接受了凡事"听老婆的"的事实，婚姻关系的天平也就偏向了女方。

二是夫妻两人感情好到"没朋友"，恨不得天天秀恩爱。这感情好到一定的境界，就变成了一方惯着另一方，不仅惯着，还觉得对方作起来的样子好可爱好软萌，落在旁人眼里就成了"妻管严"。

三是"凤凰男"与"孔雀女"，夫妻双方本来就实力悬殊，而两人的婚姻中又是物质基础直接决定了家庭地位，从而导致"妻管严"现象产生。

这三点原因的确概括了"妻管严"的几个主流原因。比如隋文帝杨坚，单是这名字就透着股"自强不息"的味道。事实上杨坚的事业确实很成功,他将当时七零八碎的地理版图重新统一起来,开办了"大隋有限公司",成功实现了从"打工人"到创始人的华丽转身。

然而,开创了大一统王朝的杨坚,到了老婆面前就瞬间蔫儿了下来。这不禁让许多不明真相的"吃瓜"群众忍不住寻思,杨坚的老婆到底是何方神圣啊?

杨坚的老婆独孤伽罗其实是看起来文文静静的弱质女流,她在杨坚还没发迹前便一眼看出杨坚是个"潜力股",于是毫不犹豫地以身相许,成了杨夫人。

杨坚奋发图强,竟成了隋朝开国之君。独孤伽罗也成功坐上后位,还要杨坚独宠她一人,只跟她生儿育女。

虽然杨坚与独孤皇后感情深厚,但这后宫的美女那么多,杨坚如何能守身如玉?有次,杨坚看上一位名叫尉迟贞的美女,对方正是二八佳人,貌美如花。谁知独孤皇后知道后,就气势汹汹地带着人登门问罪。杨坚听到消息后赶来救美,可怜的尉迟贞却已经惨死在独孤皇后的手中。

眼见心爱的女子香消玉殒,杨坚心里又痛又恨,可当他看到独孤皇后带着寒意的眼神时,所有的情绪只得隐而不发。无奈之下,杨坚只得默默忍下所有的眼泪,独自一人乘马一路奔到宫外,一直跑到无人之处,杨坚才流着热泪仰天长叹道:"吾贵为天子,而不得自由!"

不过,杨坚的感悟若是让后世另一位名人听到,只怕会捂着被老婆抓伤的脸，可怜巴巴地嘟囔一句："要啥自由啊，打是亲，骂是爱，老婆干啥都是对的。"

具有这么高觉悟的人便是《梦溪笔谈》的作者沈括。原本沈括也奉行大男子主义的婚姻观，可他的结发妻子去世得太早，偏偏他的前上司淮南转运使张蒭又是个热心肠，不想看到沈括打光棍，便做主将女儿嫁给了沈括。

谁料这位张氏对沈括来说却是噩梦一般的存在。据史料记载，张氏入门后，一言不合就对着沈括拳脚相加。有一次，张氏又因为一点小事大发雷霆，竟然将沈括的胡须一把把地薅了下来。一旁的儿女们吓坏了，一起跪求张氏息怒，而沈括则连求饶都不敢，只能躲在墙角瑟瑟发抖。

或许是张氏"凶悍"的人设实在立得太稳，等她去世后，沈括的朋友们都登门祝贺沈括脱离苦海，可沈括自己却宛如受虐狂一样伤心欲死，还曾试图跳江殉情。所幸当时沈括身边的朋友及时阻止了沈括的自杀行为，但从此以后，沈括终日精神恍惚，没过多久便郁郁而终。这还真是应了"妻管严"第二个原因里的"枕席恩深"。

要说沈括看在前上司的面子上，怕老婆倒也情有可原。可接下来出场的这位却是一人之下、万人之上的高官，怕起老婆来却比沈括有过之而无不及。这位"惧内"的古人，就是唐朝宰相房玄龄。不过，房玄龄怕老婆却与沈括的原因有些不一样，他并不完全是因爱生惧，更多的是"凤凰男"在"孔雀女"面前的天然自卑。

说到这里可能有人觉得奇怪，这房玄龄明明是唐朝宰相，凌烟阁二十四功臣之一,怎么会是"凤凰男"?按说该是女方攀高枝,上演一段"霸道总裁爱上我"的故事才对啊。

房玄龄的老婆可是货真价实的豪门千金,她出身名门望族范阳卢氏,素有"北州冠族"之称。从魏晋南北朝到隋代,范阳卢氏一直是"声高冠带,为世盛门",就连皇帝家也多次与范阳卢氏联姻,而在房玄龄所生活的唐朝,范阳卢氏更是李世民亲口承认的天下四大家族之一。

正因如此,本应是"霸道总裁"的房玄龄在范阳卢氏面前秒变"凤凰男",只能苦兮兮地开始一段"妻管严"之旅。房玄龄"妻管严"之旅的经典场面,就是他的妻子反对他纳妾。有一次,李世民做主送给房玄龄两个美人,哪知房玄龄刚把美人带回家,她们就立刻被房玄龄的老婆赶出了府门。消息传到李世民那里,李世民决定为老伙计出口气。于是,他找人拿出一碗醋,冒充毒酒,吓唬房玄龄的老婆说:"你要么喝下'毒酒',要么让房玄龄纳妾。"

没想到,房玄龄的老婆想都不想,一仰头就把"毒酒"喝了,瞬间让李世民无言以对。这件事还意外造就了"吃醋"一词的特殊含义,并流传至今。

都说世界上没有绝对幸福圆满的婚姻,想要家庭和睦,识时务者为俊杰,必要的时候怕老婆,进而约束自己的行为,让老婆大人开心,虽然有不易之处,但在多数情况下,收效还是不错的。古人云"进退有度,琚瑀锵鸣",在婚姻里能够有进有退,也是能够携手到白头的一项必修技能。

古人的优雅分手

爱人之间,说出"我们分手吧"往往是两种情况,一种就是日常小吵小闹,气头上的发泄之词,另一种就是从心底发出的心声,累了倦了,不如再见。而无论是哪一方决定鼓起勇气说出心底的那句分手,多少都会希望走到最后时,能留给彼此一份体面。如何能够优雅地分手,也是要讲求方式方法的。

大多数情况下,无论选择在什么地方分手,都难免爆发一场"男女对战"。为此,古人也愿意选择"云分手"这一招。

"云分手"的经典场面之一,发生在西汉时期的卓文君与司马相如身上。当初,司马相如为了追求富二代卓文君,专门在宴会上为卓文君弹奏了一曲《凤求凰》,然后以此打动了美人心。

都说经济基础决定上层建筑,但卓文君哪里在乎过钱。爱上司马相如后,卓文君就瞒着老爹与司马相如私奔,准备携手去寻找属于两人的诗与远方。

谁知,真到了远方,卓文君才发现,理想很丰满,现实很骨感,诗和远方都没法填饱肚子啊。无奈之下,卓文君只能自谋职业。她开设了一间小小的酒屋,干起了酒水促销员的工作,日子过得十分清贫。

幸亏卓文君的父亲找到了女儿,化身"天使投资人",给了卓文君一大笔钱。在卓老爷子的支持下,司马相如小两口不仅过上了富裕的生活,还攒下不少私房钱作为路费,供司马相如远赴京城去打拼。

令卓文君欣喜的是,司马相如到了京城后,很快靠着一篇《子虚赋》名动京师,就连汉武帝也对司马相如的才华赞赏不已。谁料,成名后的司马相如竟然爱上了一位茂陵女,准备将其纳进门做小妾。消息传来,卓文君又是愤怒又是失望,她当即写下一篇著名的分手信:"皑如山上雪,皎若云间月。闻君有两意,故来相决绝。"分手信写好后,卓文君就寄给了司马相如。虽然分隔两地,但当面锣、对面鼓地分辩之后,再分道扬镳似乎更为解气,可路途遥远,再加上卓文君出身大户人家的修养,"云分手"更加体面和决绝。

当然,面对面说分手,果断不拖拉,也是很多人的选择。比如南宋理学家谢希孟,常年漂泊在外,突然想家了,于是立刻辞掉了工作，买了一张船票，踏上了回家的路途。谁料，谢希孟刚刚登上回家的小船，岸边就传来呼喊他的声音。谢希孟探头一看，原来是他一直宠爱的名妓。此女子听说他要离开后，专程赶来送别。

佳人哭得梨花带雨，谢希孟就在这江边郑重地写下一首分手词："双桨浪花平，夹岸青山锁。你自归家我自归，说着如何过。我断不思量，你莫思量我。将你从前与我心，付与他人可。"

这首分手词有名到什么地步呢？谢希孟一生写了很多诗词，但《全宋词》里就只收录了他的这首分手词。

分手有主动的，当然也会有被迫的。据《耆旧续闻》记载，陆游与唐婉的婚姻原本两情相悦，小日子过得幸福美满。谁知，陆游的母亲却打心眼里不喜欢唐婉，觉得二人过于甜蜜，耽误儿子考取功名，最终陆游不得不在母亲的强烈要求下选择离婚。

然而，离婚后，陆游依旧想念着唐婉，无奈唐婉已另嫁他人。后来二人在沈园相遇，虽然陆游心里万分不舍，但不得不在心里挥剑断情丝，在沈园的墙上写下一首《钗头凤》。

红酥手，黄縢酒，满城春色宫墙柳。东风恶，欢情薄，一怀愁绪，几年离索。错，错，错！

春如旧，人空瘦，泪痕红浥鲛绡透。桃花落，闲池阁，山盟虽在，锦书难托。莫，莫，莫！

寥寥数十字，完美再现了陆游从"爷青回"到"爷青结"的心路历程。不久后，唐婉再游沈园，看到了陆游的这首词，百感交集，便在这首词的旁边也依律赋了一首《钗头凤》。

  世情薄，人情恶，雨送黄昏花易落。晓风干，泪痕残，欲笺心事，独倚斜栏。难，难，难！
  人成各，今非昨，病魂常似秋千索。角声寒，夜阑珊，怕人寻问，咽泪装欢。瞒，瞒，瞒！

两首《钗头凤》是这段情缘的句号，却将这段情缘的甜蜜与哀伤延续了千年。

看来古人面对分手时，和我们一样内心复杂，如果不能在一起，能够一别两宽，各生欢喜，固然是好，但是往后的日子里，究竟是放下了，还是成了执念，从他们留下的诗文里，我们能够依稀可见。而今天的人们分手后，是喜是悲，大概从他们的歌单中也能品味一二吧。

古代人离婚的法律协议

由于平时看多了电视剧里丈夫动不动就以休妻威胁妻子的桥段，很多人在电视剧《知否知否应是绿肥红瘦》里，看到女性也能够提出和离的情节，多少会有点"穿越"之感，感觉这似乎不符合过去男尊女卑的社会状况和思想礼制。其实，离婚并不是现代社会的产物，古代已经有了成熟的离婚流程。

古人大多安土重迁，人们大多以宗族的形式群居一隅。一旦发生离婚这事，女性总是难免被人戳着脊梁骨疯狂吐槽，后半生基本宣告"社死"。就连离婚协议书也被称作"休妻书"或是"休妻信"。

值得一提的是，古人的离婚协议书基本上是男方写给女方的，如果女方想要主动离婚，只有去官府"呈告"，相当于现代的诉讼离婚。

"呈告"是否能成功,没有人知道,但若是失败,结果就会很惨。女方若是留在夫家,只怕男方一家人一起问女方小鞋穿几码,而自己只能被迫留在糟心的婚姻里艰难度日。

先来看开放而包容的大唐,《唐律·户婚律》中规定:若夫妻不相安谐而和离者,不坐。这是协议离婚的法律规定。而且在唐朝,离婚协议书被称为"放妻书"。虽是一字之差,意义却截然不同。放妻的意思是,离婚这事是夫家放妻子回归本宗,少了些"休"字带来的贬低意味,体现了大唐对妇女的尊重。

女性地位的提升,让她们离婚后的日子不再那么艰难,感觉日子过不下去时,也能够有勇气对着丈夫大喊:"把离婚协议拿来,本宝宝不跟你过了。"

敦煌莫高窟出土的唐朝文献也包含离婚协议书,文字风格与现代理智严谨的离婚协议完全不一样。比如这篇现藏于英国的放妻书文书样文便是这样写的:

某专甲谨立放妻手书

  盖说夫妻之缘,恩深义重,论谈共被之因,结誓幽远。凡为夫妇之因,前世三年结缘,始配今生夫妇。若结缘不合,比是怨家,故来相对。妻则一言十口,夫则贩(反)木(目)生嫌。似猫鼠相憎,如狼羊一处。既以二心不同,难归一意,快会及诸亲,各迁本道。

愿妻娘子相离之后，重梳蝉鬓，美扫娥眉，巧逞窈窕之姿，选聘高官之主，解怨释结，更莫相憎。一别两宽，各生欢喜。

于时某年某月某日谨立手书

靠着"一别两宽，各生欢喜"之句，这封"放妻书"迅速走红网络，成为现代青年男女们时常引用的文案。不少网友还自发四处安利这封拥有大神级文笔的"放妻书"，直呼这是"史上最美离婚协议书"。

不过，除了遣词文雅的"硬核"技能，来自唐代的离婚协议更加打动人的地方在于，离婚后男方还答应负责女方三年的置衣费和伙食费：

盖以伉俪情深，夫妇语义重，幽怀合卺之欢，欢念同牢之乐。夫妻相对，怀似鸳鸯双飞，并膝花颜，共坐两德之美。恩爱极重，二体一心。生同床枕于寝间，死同棺椁于坟下。三载结缘，则夫妻相合。三年有怨，则来雠隙。今已不和，想是前世怨家，反目生嫌，作为后代增嫉。缘业不遂，见此分离。聚会二亲，以俱一别。所有物色书之。相隔之后，更选重官双职之夫。弄影庭前，美逞琴瑟合韵之态。解怨舍结，更莫相谈。千万永辞，布施双喜，三年衣粮，便献柔仪。伏愿娘子千秋万岁。时△年△月△日，乡百姓△甲放妻书一道。

寥寥数句，往日种种，诉说分明，也希望在往后余生，各自安好。不过，饶是男方对婚姻生活感到强烈不满，还是在分手之时给予了女方美好的祝愿。离婚协议书的最后，男方提到两人离婚后，希望女方能嫁个又有钱又疼爱她的好丈夫，新夫妻一起"弄影庭前，琴瑟合韵"，过上一段天地任逍遥的神仙日子，也算是希望对方获得新生的美好祝愿。

而离婚协议书里彼此的状态，除了冷静克制，同样可以一地鸡毛。比如下面这封离婚协议里，男方就开启了吐槽模式，大倒苦水，连连哀叹夫妻双方婚后鸡毛蒜皮的矛盾，似乎这封留存千年的离婚协议书上，都是男方眼角的泪花。

盖闻人生一世，夫妻语让为先。三代修因，见存眷属。夫取妻意，妻取夫言。孝敬二亲，事奉郎姑叔伯，新妇便得孝名，日日即见快活。今则夫妇无良，便作互逆之意，不敬翁嫁（家），不敬夫主，不事六亲眷属，污辱皂门，连累兄弟父母，前世修因不全，弟互各不和目（睦）。今仪（议）相便分离。自别以后，愿妻再嫁，富贵得女，今对两家六亲眷属，团坐亭腾商量，当便相别分离。自别以后，愿妻再嫁，富贵得高，夫主不再侵凌论理。一似如鱼德（得）水，壬（任）自波游；马如捋纲，任山丘。愿君不信前言者，山河为誓，日月证明。

愿君先者，男莫逢好妇，女莫逢好夫。

这封离婚协议写得更偏重叙事风格些。文中用寥寥数语，写明了夫妻两人离婚的原因——妻子在孝道上做得让夫家不满意。

不过，即便有这样的矛盾产生，协议书的最后还是写了"一似如鱼得水，任自波游"，也就是说，男方祝愿女方在离婚后就像鱼儿游进大海一样自由自在，以后的生活能够遵循自己的心意。

这些协议书里的内容，虽然各自的角度不同，但格式、条陈的基本模式是很相近的，从某种程度上可以说，它们是来自同一模板。这说明这些"放妻书"至少在两种功能上，在国家监管的法律体系下，是有法律效应的。其一，是在户籍更改时，可以作为凭证；其二，女子得此文书，是可以再婚的。

随着社会的发展，法律制度也越来越完善，夫妻离婚时的财产分割，都有了详细的规定，甚至不同形式的婚姻，比如入赘女家，在离婚时，财产关系该如何分割，都有了明确规定。但是随着礼教制度越来越严苛，对女性的束缚越来越多，女性在婚姻关系中的话语权依然处于弱势，但只要双方达成协议，还是允许和离的。在明朝之后，各种思潮的兴起与碰撞，使得女性婚姻自由的呼声越来越高，门第成见常常被打破，才形成了我们今天的婚姻观念和夫妻关系的雏形。

古代"情人节"的正确打开方式

情人节,顾名思义,是情侣间相互表达爱意的告白日。不过,如今的情人节,还是各大线上线下购物平台的狂欢,也是广大情侣秀恩爱的最佳时间。尤其是对广大男士来说,哪怕记错了自己的生日,也不能在这一天出现"没有任何表示"的危险行为。

可能很多人会发自内心地问:古代也有情人节吗?他们的情人节,是要做什么呢?有没有可以参考借鉴的"情人节浪漫指南"呢?

其实,在史学界,就"哪一天是情人节"的问题,也有着多种说法。下面,我们就来看看,几个疑似"情人节"的正确打开方式吧。

首先要说的,就是从周代开始,国家"法定"的相亲日——上巳节。为什么三月初三,会被看作是"情人节"呢?这主要与一个古老的传说有关。相传天地混沌初开的时候,人类的数量实在少得可怜,天神女娲为了人类繁衍,与伏羲结为夫妻,生儿育女,而两人在一起的日子,就是三月初三,因此古人将这一天当作男女青年谈情说爱的日子。

不过,这一传说在史学界中存在争议。有些学者认为,三月初三上巳节其实是为纪念黄帝的诞辰,中原地区的一些民谣中还有"二月二,龙抬头;三月三,生轩辕"的说法。

谜一样的来源让上巳节自带不少神秘属性,但这丝毫不影响这一古老节日蕴含的丰富文化内涵。早在《周礼·地官》中就有记载:"以仲春之月,令会男女,于是时也,奔者不禁。若无故而不用令者,罚之。"

三月初三这一天,未婚男女青年们可以欢聚在一起搞个联谊会,不许家长们横加阻拦,若是有人无故缺席,还得接受处罚。

《周礼》郑玄注:"岁时祓除,如今三月上巳如水上之类。"《诗经·郑风·溱洧》也有记载:"溱与洧,方涣涣兮;士与女,方秉蕳兮。女曰:'观乎?'士曰:'既且。''且往观乎!'洧之外,洵訏且乐。维士与女,伊其相谑,赠之以芍药。"

可见古人会选择在上巳节这天相约在水边谈恋爱,看看风景,说说笑笑,互相赠送花束,这样的场面用杜甫的话来说,就是"三月三日天气新,长安水边多丽人"。而青年男女踏青春游,也成为后世很多爱情佳话的开端。

颇让人遗憾的是,杜甫笔下上巳节的盛况,到了宋代几乎完全销声匿迹。由于程朱理学兴起,传统文化中对女性的束缚越来越多,年轻的姑娘们渐渐失去了自由恋爱的机会,以致上巳节这一古老的中国"情人节"也淡出了历史舞台。

随着上巳节逐渐被人们遗忘,后世之人一提到古人的婚姻,就自然而然地认为古人一直遵循"父母之命,媒妁之言",压根不知道可爱的古人,也曾有自由自在过"情人节"的愉快时光。所幸上巳节被丢进旧纸堆时,元宵节承载起"情人节"的使命,带给古人全然不同的节日体验。

早在两千多年前的周代,古人便已设立了专门管灯的官员司烜,而元宵灯会在东汉明帝时期才正式与人们见面。据史料记载,由于明帝推崇佛教,而佛教的僧侣们总是在正月十五这天点灯敬佛。明帝得知后,干脆命令皇宫内苑也必须在正月十五晚上点灯敬佛,同时要求士族百姓也必须家家悬挂花灯。

如此一来,元宵节张灯渐成风气,元宵灯会场面也愈加宏大。到了后来,盛大景象让南梁简文帝也看傻了眼,专门在《列灯赋》里说,元宵节那天的皇宫"南油俱满,西漆争然。苏征安息,蜡出龙川。斜晖交映,倒影澄鲜",灯火之绚烂真是丝毫不亚于现代大型灯展。

隋唐时期,元宵赏灯活动更加兴盛,每年元宵节官方都会组织盛大的活动。据《隋书·元胄传》记载:"文帝尝于正月十五日与近臣登高……赐宴极欢。"而唐朝诗人卢照邻也在参加完一次元宵赏灯会后,带着激动的心情写下一篇《十五夜观灯》的纪实报告,其中专门提到元宵节的灯会"接汉疑星落,依楼似月悬"。

盛大的元宵灯会不但带给古人极致的视觉享受,也让爱情与浪漫的元素融入了他们的生活中。正如前面提到的"宵禁"规定,大多数时候古人——特别是古代的女子,晚上根本没有出门逛街的机会。

于是,元宵节的到来就成了古代女孩子们难得的"假期",因为灯会期间,古人不但暂停了宵禁,还允许女孩子们结伴出游去赏灯。灯火交映的浪漫氛围中,未婚男女终于有了一次面对面交流的机会。大家借着元宵节赏灯的名义,在盏盏花灯下仔细寻找着月老给自己安排的良缘,而促成这一切的元宵节,自然也就成了古人的情人节。已经定情的两人,在元宵灯会期间,可以借着节日的浪漫气氛,甜蜜地约会。

不过,如今的农历七月七日,因为牛郎织女"七夕相会"的传说流传甚广,俨然已经被商家炒作成中国人的"情人节"。其实,在古代,"七夕"并非"浪漫"的代名词,而是被称为"乞巧节",也叫"女儿节",主要是女孩子们向上天乞求自己的女红技术能越来越精湛的日子,当然不排除有些女孩子顺便求求姻缘。相较于古代的女孩子,如今女孩子们的世界已经变得宽广,不再局限于女红之类的事情,而将女孩的节日变成和恋人共度美好时光的节日,换个角度来看,未尝不是一个美好的"错误"。

第四章 思维篇

古人的"共享"很超前

"共享"经济给我们的生活带来了便利,也让我们惊叹于科技的快速发展。其实早在汉代时期,古人就已经有了"共享"的理念。比如,汉光武帝刘秀还没当皇帝之前,就曾与朋友合资养驴来出租,放在现代,他也算是白手起家的实干派了。

可惜刘秀没赶上现代互联网共享的大潮,"共享驴"生意没干多久,他就"转行"当起了皇帝。不过,当了皇帝后,刘秀依然不忘初心,专门出台政策,鼓励家里有驴的老百姓,在闲暇无事时将驴出租,一来是为了发展"共享"经济,解决"出行难"的问题,二来也可以增加百姓的收入。

然而,"共享驴"说起来容易,真干起来,技术壁垒可不少。

就拿现代共享交通工具的 GPS 定位来说，在没有网络的古代社会，老百姓怎么保证租出去的"共享驴"能被顺利找回来呢？

这个难题，对于颇有经验的"创业者"刘秀来说根本不叫事儿。他让百姓在"共享驴"的身上用烙铁烙出花色各异的图案作为驴的"身份证"。而后，他又推出"簿籍制度"，要求所有供出租的牲畜都要注册登记，从而一举规范了汉代的"共享"交通。

"共享"经济到了南宋，人们又解锁了"共享"经济更多有趣的新花样。宋代人在"共享驴"的基础上，脑洞大开推出了升级款"共享车"，一用就是近百年。13世纪末，前来杭州旅游的外国游客马可·波罗看见"共享车"后震惊不已，赶紧拿小本子将这事记了下来。

在马可·波罗的笔下，南宋人的"共享车"叫"街车"，不过一些翻译作品里也将这种车翻译成"长车"，或许是因为南宋"共享车"的外形偏长吧。

"长车"的外部一般用绸幔装饰，车顶有盖，可以容纳六个人同时乘坐。与现代的共享单车一样，使用"长车"也需付费，通常分为按时段收费与按天收费两种模式，这对于交通基本靠走的古代社会来说，已然算是奢侈的享受了。因此，"长车"的目标客户往往都是那些有钱人家出门游乐的公子小姐。

而收入一般的中产阶层使用的"共享车"则是一种用毛毡做蓬的毡车。比如《婚礼新编校注》中就记载了人们用毡车迎亲的场面。虽然听上去很浪漫，但坐在毡车里的新娘却是有苦说不出。

古代的毡车没有减震系统，新娘这一路颠簸过来，身体素质不好的都要晕车了，哪里还有什么浪漫可言。

为了解决大喜之日晕车的苦恼，"共享轿"应运而生。新娘们惊讶地发现，这项"共享轿"服务不光可以租轿子，还友情提供轿夫，放在现代，简直就是私人定制版的共享专车呀。

更让人惊讶的是，"共享轿"不但有效解决了人们晕车的烦恼，还能根据季节冷暖提供应季的轿子。比如炎热的夏天，市面上的"共享轿"就以"凉轿"为主，到了冬天则以"暖轿"为主，可以说是相当人性化了。

人性化的服务外加舒适的体验，让"共享轿"一经问世就引发了众人追捧，使用范围也从"婚车"衍生到人们日常出行的代步工具。待到明清时代，"婚车"经过一次次升级换代，终于进化出一种新型共享交通工具——"轿车"。

这里说的"轿车"可不是我们现代人发明的汽车，而是用马或牛拉着走的两轮车，车上配有带窗子的车厢，可以同时乘坐多人。由于这种车的车厢很像轿子，因此被称为"轿车"。当时的人家，无论婚丧嫁娶，都要去租车行租轿车使用。

除了"共享轿子"，古代的"共享船"也十分流行。唐朝时，"共享船"业务就已经发展得如火如荼，就连大诗人白居易也凑热闹租了一次"共享船"游西湖，留下了"谁留使君饮，红烛在舟中"的灿烂诗篇。

到了宋代，"共享船"依然是人们游湖的首选。据史料记载，当时西湖畔有种叫作"瓜皮船"的小舟，成了"共享船"里的主力军。大文豪苏轼在杭州做官时，就常常乘坐"瓜皮船"游西湖，想来这价格应该比如今景区里的游船优惠不少吧。

景区游船并非"共享船"的主营业务，古人更喜欢将"共享船"安排在渡口，当作渡船使用。不过，古人使用"共享船"的技术门槛可不低。一些大型渡口还好一些，有专门的工作人员撑船，若是在乡野山村的小渡口使用"共享船"，就完全是自助模式了，没点技术都过不了河。

当然，这样的自助模式也并非全无好处，比如配备的自助"共享船"就是免费的，有些地方甚至连看船的人都没有，谁想划船过河自取就行，颇有几分"野渡无人舟自横"的味道。

对于古人来说，"共享"交通工具不过是"共享"理念下的冰山一角，他们还推出过极具现代感的"共享园林"和"共享图书馆"。

所谓"共享园林"，其实就是将私家花园免费对外开放，宛如现代的公园一样，任凭游人随意进出。这其中不乏知名的精品园林。比如现在上海很有名的豫园、张园、申园、徐园等，在古代都属于"共享园林"。

不仅如此，古人还别出心裁地发明了"共享图书"。这种共享模式有点像现代的图书馆，主要是将藏书楼里的图书出借给需要的人，完全公益不收费。像这样的自助"共享"模式，就是放在现代社会也毫无违和感。但这种公益事业毕竟是少数，明清时期,虽然出版业务蓬勃发展,但对于大多数人来说,书还是奢侈品,频繁买书对于一般的家庭来说,还是无法负担的,有偿租书业务也就顺势兴盛起来,是不是似曾相识?读中学的时候,你是不是也在学校附近的书店租过书?

除了上述共享项目,古人还会共享农具、共享戏台……虽然不如今天便捷,但是看了古代共享经济的发展思路,我们也不得不感慨一句:"原来我们引以为傲的共享模式,古人早就实践过了。"

古人的创意营销广告

近几年的古装剧,因为"植入"的需要,剧情里往往会出现吆喝、发传单、打折、限量销售等营销手段,多少会让观众觉得不真实。在很多人的印象里,古人信奉的是"酒香不怕巷子深",宣传基本靠"吼",推广基本靠群众"自发"。

其实不然,今天我们百试百灵的一些营销推广手段,原创者就是古人,而且有些古人,即使放在今天也处于营销高手的段位。那么古人都会做哪些营销推广呢?

提到古代的广告,很多人下意识就会想到在各家店门口飞扬的招幌。比如,四大名著之一的《水浒传》,就曾提到武松上景阳冈时,被街边酒店的广告吸引着体验了一把消费主义。原文这样写道:"武松在路上行了几日……走得肚中饥渴,望见前面有一个酒店,挑着一面招旗在门前,上头写着五个字:三碗不过冈。"

这段文章里提到的"招旗",就是古人打广告的超级利器,也叫"招幌",一般悬挂在店门口,主要用途是通过上面的图文招揽顾客,像武松看到的"三碗不过冈"就是上面的广告文案。

武松的故事虽然发生在宋代,但招幌的历史却可以追溯到春秋战国时代。据《韩非子·外储说右上》记载:"宋人有酤酒者,升概甚平,遇客甚谨,为酒甚美,县帜甚高。"

这段故事是说店家的酒卖不出去,是因为店里养的狗太凶,文中提到的"县帜甚高"明明白白地告诉现代人,在春秋战国时期的宋国,店家们已经开始将写着广告词的酒旗高高悬挂在显眼位置,用来招揽顾客。

商家们的广告意识越来越强,到了唐代,就形成了杜牧在《江南春绝句》中描绘的"水村山郭酒旗风"的景象。农家乐的广告旗,竖得漫山遍野都是,也难怪同为唐代诗人的张籍,看到商家们的广告营销手段,忍不住感慨了一句"长干午日沽春酒,高高酒旗悬江口"。更值得一提的是,幌子上不仅会写各种广告语,也会画上该类产品的推广代表,比如李白、陆羽、鬼谷子等等,多少有点"蹭流量"和抬高自己档次的嫌疑。

不过,招幌虽然为商家的宣传提供了极大的助力,但方式比较被动。所以,也有一些店家并不满足于花花绿绿的广告招幌所带来的销售转化，而是力邀名人来为自己的产品和店铺打广告，利用名人效应提升业绩。

在这方面的优秀案例可以追溯到春秋战国时代。当时有个卖骏马的商家，连续三天没卖出一匹马，于是，这个商家赶紧去找大名鼎鼎的伯乐帮忙。见到伯乐后，商家施展三寸不烂之舌，忽悠伯乐说："愿子还而视之，去而顾之，臣请献，一朝之贾。"

那意思就是，伯乐老兄啊，你帮我站个台吧，我给你高额出场费。伯乐一听，欣然前往。不明真相的消费者们一见伯乐去看了商家的马，立刻开启抢购模式，第二天商家就成功地卖出了马。

有受邀做代言人的，也有主动当代言人的。东晋时期，王、谢两大家族在朝廷中的地位举足轻重，族中的很多名士在民间拥有大批粉丝，他们"代言"产品常常会引发抢购风潮。"全能"宰相谢安，"风采神态清秀明达"，并且多才多艺，擅长书法、音律、写文章等，在政治和军事方面，也有颇高建树，曾指挥东晋军队取得了"淝水之战"的胜利。

《晋书·谢安传》中有一段记载："乡人有罢中宿县者，还诣安。安问其归资，答曰：'有蒲葵扇五万。'安乃取其中者捉之，京师士庶竞市，价增数倍。"用现在的话说，这是谢安商业价值的完美展现：友人积压的五万件滞销品蒲扇，在谢安手里拿了几天，就成为全民抢购的热销品，库存迅速见底。这样的影响力，即使用现在的标准衡量，谢安也是炙手可热的"顶流"。

"名人代言"往往能收到奇效，所以，广大商人争先恐后想尽办法与名人达成合作。比如，墨商潘衡在见识了苏轼的"带货能力"之后，哪怕苏轼被发配到岭南，他都追着让其"代言"，不仅打造联名款——"尝为子瞻造墨海上，得其秘法"，还竭力树立品质口碑和高级感——把苏轼的文案"一朝入海寻李白，空看人间画墨仙"广而告之。一通操作下来，结果可想而知，"故人争趋之"，"售墨价数倍于前"。

不过，名人可不是说请就能请来的，一些请不动名人的商家，只好亲自上阵，想尽办法"蹭流量"。要论古代谁的"流量"最大，那自然是皇帝、后宫嫔妃和皇家子弟，一旦被选为皇家贡品，或者跟皇帝产生关联，产品往往就能一路畅销。《武林旧事》就有记载，南宋孝宗赵昚未登基时，父亲高宗赵构"时有宣唤赐予，如宋五嫂鱼羹"，如此经常被皇家钦点的美食，自然达到了"人所共趋"的营销效果，宋五嫂的鱼汤销量惊人，"遂成富媪"。

再如，"广告策划人"杜牧凭借顶级文案——"一骑红尘妃子笑，无人知是荔枝来"成功"蹭"到了杨贵妃的"流量"，让荔枝从此天下闻名，即使没吃过的人，也知道它美味无比，是杨贵妃的心头好。

那如果自家产品连"流量"也蹭不到，商家又能做些什么呢？那就要用到"眼球经济"的理念了。说通俗一点，就是依靠吸引公众注意力获取经济收益。

吸引群众注意力的方式有很多，比较直接的就是吆喝。在自家店门口亮出金嗓子，吆喝一曲"freestyle(即兴说唱)"的广告歌，往往能让路人驻足几秒。那么广告吆喝要注意什么呢？首先，广告词必须押韵，内容也必须通俗易懂；其次，吆喝的人要声音洪亮，还得吐字清晰，毕竟顾客听的是广告，不是"饶舌rap"。最重要的是，广告词的文案要重点明确，突出商品的优点，让人一听就被卖点吸引。

当然，亮嗓前将顾客们吸引过来的热身秀也必不可少。《楚辞》中的"师望在肆""鼓刀扬声"，说的就是有个卖肉的屠夫大哥，每次开张前都要先让磨刀声卡上节拍、充满律动，而且还附赠一段耍双刀的花活表演，以便将顾客们的注意力吸引过来。

热身秀过后，古人的"freestyle版广告语"即可进入正题。据《燕市货声》记载，古人的广告吆喝称得上提神又醒脑，比如某个卖蚕豆的小贩，他吆喝的广告词是这样的："铁蚕豆，大把抓，娶了媳妇不要妈。"另一位卖炸食的不甘示弱，吆喝道："小炸食，我的高；一个大，买一包；哄孩子，他不闹，他不淘。"

这些小贩的广告词，放在现代勉强还能算是《广告法》允许范围内的合法营销，可有些商家为了提高销售额，那广告内容可真到了夸张的地步。

《燕市货声》中还记载了某个卖面老板，为了多卖几碗糖顺面，他的广告词是这样说的："姑娘吃了我的糖顺面，又会扎花，又会纺线，小秃儿吃了我的糖顺面，明天长短发，后天梳小辫。"

今天的我们，看到这样的广告词，可能会直接点击举报。而商家也可能会搬起石头砸自己的脚，需要承担相应的法律责任。

再比如《韩非子》中"自相矛盾"的典故，就是虚假宣传的"打脸"名场面，那个"翻车"的商贩，也沦为大家茶余饭后的嘲笑对象。

吸引注意力的方式，除了会吆喝、擅表演，还有很多种。比如，以排长队为标志的"饥饿营销"；以帅哥美女为营业员的"颜值营销"；以庙会、集市、节日庆典等为平台的"购物节"联合促销活动；以名人、典故，甚至是神鬼传说、奇闻逸事为噱头的"事件营销"……总之，古代的营销高手们，玩起营销策略，那也是经典案例不断，销售转化量惊人，其背后的商业逻辑和今天的很多营销思路如出一辙，这也算是变相印证了大卫·奥格威那句话："好广告可以使用多年而不会丧失销售力。"

古人的"互联网思维"

说起"互联网思维"这个概念,人们总是觉得这是近年来新兴的"互联网+"中的核心元素之一。不过,"互联网思维"并不是现代人的独创,古代虽然没有互联网,但是古人已经能够运用"互联网思维"来实现各种目标了。

先说说求职加薪吧。在古代,想要谋个好职位,门第出身已经是首要的限制了,而最难的是,想要吸引"老板"的注意,却没有任何可以接触"老板"的机会。于是,很多古人在面对这种求职无门的情况时,就会选择"流量思维"反向吸引"老板"来找自己。

早在商周时期,大龄待业的"打工人"姜子牙工作不如意,于是萌生了到西岐投奔姬昌的想法,可自己都到退休年龄了,该怎么吸引"老板"姬昌聘用自己呢?

思来想去,他跑去离"西岐总公司"不远的渭水之滨磻溪(今陕西宝鸡境内)当起了钓鱼翁,而他钓鱼用的鱼钩,竟然是直钩。有人来问他,为何要以直钩钓鱼,他的回答非常有爆点,"宁向直中取,不向曲中求,不为锦鳞设,专钓王与侯"。这种回答放在现代的语境下,就叫作"用逆向思维吸引流量"。

这种反常规的举动很容易引来关注度。果然,姜子牙"直钩钓鱼"的事迹很快成了"吃瓜"路人们关注的热门话题,也就是当时的人们不刷微博,不然姜子牙这事儿一定能登上微博热搜榜榜首。

尽管当时的通讯不发达,热衷八卦的群众还是一传十,十传百,令姜子牙的大名传到了"西岐总公司"的"老板"姬昌耳中。姬昌趁打猎之时,来到渭水之滨,和姜子牙交谈,当听到姜子牙说"他钓的不是鱼,而是贤明的王侯"时,姬昌惊喜地发现这是稀缺的顶尖人才,于是直接"BOSS直聘",邀请姜子牙出任"公司高管"。姜子牙就此以"流量"成功实现了职场突围,转型成为高级领导型人才。

当然了,利用这种"流量思维"为自己在职场开路的,后世还有很多,比如左思、李白,都以斐然的文采火爆一时,从而受到统治阶层的注意和赏识。

宋代以后,商品经济日益繁荣,面对日益扩张的市场,商家们的"用户思维"也逐渐强化。以图书市场为例，宋代市民的文化消费增多，文化消费的市场逐渐下沉，书籍开始成为商品在市场交易，专门的书店也开始出现。到了明代，资本主义开始萌芽，市民阶层数量剧增，文化产业逐渐升级完善，很多书商不仅买来成稿进行图书印制和销售，也参与前期的组稿、创作。万历年间，福建应书坊清白堂主人杨涌泉在印刷辑录岳飞事迹的史料《精忠录》时，就觉得这类史书过于艰涩无趣，对于广大目标读者来说，吸引力不大。但是岳飞这种英雄传奇人物，本身就是自带话题和"流量"的。于是，本着以"用户思维"打造产品的逻辑，他邀请熊大木以通俗小说的形式，把《精忠录》改编成了《大宋中兴通俗演义》，图书上市后，销量十分惊人。于是，熊大木一鼓作气，先后又推出了《北宋志传》《唐书志传通俗演义》《宋代君臣演义》《全汉志传》等同类产品，算是复制了自己成功的商业模式。

同样在出版行业，古人也将"迭代思维"发挥得淋漓尽致。书商们为了能吸引书友们"复购"，同时吸引新的目标读者，往往会将畅销书以"重刊""增订""新编"等形式发行新版本。同时，针对不同市场，再推行不同类型的改编版。针对下沉市场，书商们会出版各种类型的插图版，这类改编版的书名中，一般都带有"全像""偏像""出像""补像""图像""全相""出相"等字样，比如《新刻出像增补搜神记》就是集"修复、简化、美化、扩容"的新版本。针对高端市场，书商们也会推出专家评注版，比如卢之颐重订的《文选纂注》，收录了刘辰翁、陆树声、王世贞等十二位非常有影响力的文坛名家对《文选》的点评，这些名家的号召力和影响力，让这本书的内容价值升级为"顶配版"，跻身"高端产品线"，吸引一众发烧友下单。

在日常生活方面，古人用到"互联网思维"的地方也很多。比如，现在非常流行的"跨界"思维，古人用起来一样得心应手。当手工业和商业的代表长沙窑，"跨界"到以诗词、谚语为代表的文学领域，广大平民阶层，尤其是商人阶层，便参与到表现日常生活、经商活动、情感抒发等各类诗歌的创作中。原创或者转载的各类诗句、谚语被刻在了各式瓷器上，这些瓷器就成了市民抒发内心、表达所思所盼的载体，也不知不觉刻画了当时的社会风情。在激烈的市场竞争中，长沙窑凭借着文学、书法与瓷器工艺的"跨界"联合，不仅开拓了新的设计风格，也实现了进军"自媒体平台"的文化内涵拓展。要说"跨界"，古人才是资深的。战时为兵，平时为农的军事生产制度，就通过"跨界"实现了人力资源整合。古代的复合型人才，常常利用个人所长，实现跨行业发展，比如发明了浑天仪、地动仪的张衡，也因创作《二京赋》《归田赋》跻身"汉赋四大家"……

古代人没有互联网，但不代表着他们的思维模式老旧。恰恰相反，很多的互联网思维就是古人的智慧经过从古到今的大量实践，逐渐完善、升级、发展成今天的思维模型。尽管时代始终滚滚向前，但是回头跟古人取取经，也会收获满满。

古人如果有"网名"

曾有人说"名字是父母送给子女的第一份礼物"。诚然，在越来越重视姓名的现代社会里，人们都希望自己的名字既别致又好听。倘若没能从父母那里得来一个满意的名字，不少人也会给自己起个非常有个人标签的"网名"或者昵称。

而在古代，人们在社交过程中，也往往会给自己取一个"网名"，只不过他们的"网名"称作"字""号"或者"诨名"。《礼记·檀弓上》记载"幼名，冠字"，就是说古人的"字"可不是想取就能取的，一般只有成年的人，才能拥有取"字"的资格。

先秦时期，古人取名还没有太讲究，通常古代的家长只是在天干地支里选个字，再结合一些"太""文""武"之类的简单常用字，就组成了孩子的名字。等到孩子成年后，取字也只能在父母所取的名字的基础上，衍生出与名字相关的含义，或是配合"伯、仲、叔、季"等代表长幼顺序的字来组合出自己的"字"。

比如楚国三闾大夫屈原就名平、字原，之所以这么取，是因为"广平曰原"，屈原这个"原"里就包含了本名中"平"的意思。类似的情况还有颜回，字子渊，所谓"渊"，就是水潭里打漩的水，这也暗含了本名的含义。宋代大英雄岳飞也遵循了这一原则，取字"鹏举"，就是"大鹏鸟高飞"的意思。

值得注意的是，古人的"网名"，可不是谁都能叫的。《仪礼·士冠礼》上说："冠而字之，敬其名也。"《仪礼注疏》中，对此做出了更为具体的解释："君父之前称名，至于他人称字也。是敬定名也。"

这就是说，古人对他人本名和字的称呼方式，体现了人与人之间长幼尊卑的关系。尊位的人对卑位的人，一般直呼其名，像孔子就管他的弟子叫"回""由""求"等。但处于卑位的人，称呼尊位或者平辈的人，就不能直接叫名，而要称呼对方的字。比如孔子的弟子称呼孔子，绝对不能用"丘"或者"仲尼"。

事实上，孔子的弟子们见了孔子既不敢称名，也不敢称字，而是用了"夫子"这个称呼，这无疑体现了弟子们对孔子的尊重。同样的情况还发生在《东周列国志》中一个乡野村夫身上，据书中记载，这个村民当时想见齐国高官管仲，于是村民提出："欲见相君仲父。"

"仲父"就是对管仲的尊称，但讲究礼仪的古人，唯恐字的尊称不足以表达他们对管仲如滔滔江水连绵不绝的崇敬之意，干脆引入了另一种"网名"形式——"号"。

据《周礼》记载，"尊其名而又美称焉"，是对一个人的尊敬与赞美，可见"号"这种形式，打出娘胎起就是雅致的。魏晋时代，一些隐士文人就开始将"号"作为自己的主打新"网名"，比如陶渊明不仅自号"五柳先生"，还写了篇《五柳先生传》，硬是让现代的莘莘学子都记住了他这个"网名"。

唐宋时代，取"号"蔚然成风，不少名士都有自己的"号"，有些人甚至取了多个"号"。写下无数灿烂诗篇的李白，大笔一挥拿下个"青莲居士"的"号"；同时代的白居易则把"香山居士"的"号"抢到手；等到宋代的欧阳修"注册"时，便把"醉翁"的"号"占据了，到了晚年，欧阳修的仕途境况和内心境况都发生了改变，他又注册了"六一居士"的"号"。

"号"的出现，似乎打开了古人个性化标签的新世界。各式各样的取名方式，如雨后春笋，层出不穷，创意不断。比如赵孟頫以自己甲寅年生为灵感，自号"甲寅人"；袁枚以自己的斋名为灵感，取号"简斋""随园主人"；苏东坡以自己的住地环境为灵感，取号"东坡居士"。而除了自己取号，还可以给他人赠号，比如杜甫官至工部侍郎，世人以官名为号，称之为"杜工部"；柳宗元因为被贬谪到柳州，世人以被贬谪地为号，称之为"柳柳州"；贺铸因为自己原创作品中的金句，"一川烟柳、梅子黄时雨",世人以作品中的意象"梅子"为号,称之为"贺梅子";诸葛亮受封"武乡侯",世人便称之为"武侯"。

不同于"号"的雅致大气,"诨名"贵在"创意梗",据《吕氏春秋》记载,历史上第一个"诨名"诞生在夏朝。夏桀力大无穷,能轻轻松松推倒最大的祭品,于是他被人们称作"移大牺"。"大牺"指的是最大的祭品,而夏朝最大的祭品是牛,也就是说夏桀能徒手放倒一头牛,这还真是挺彪悍的。

南宋时代,有个名叫郭倪的人同样靠着诨名"出圈"。这郭倪年纪轻轻却自视甚高,成天拿着把羽毛扇模仿诸葛亮,认为自己是卧龙复出。

恰好郭倪的官运还不错,一路平步青云,做到了殿前副都指挥使。他身边的一帮马屁精一看,"郭倪这小子有前途啊",纷纷上前大拍马屁,称赞郭倪就是"活诸葛",说得郭倪入戏太深出不来,就这么沿着诸葛亮的戏路一路狂飙不休。谁料就在此时,金兵突然挥戈南下,朝廷急忙派郭倪去前线迎敌。然而,郭倪上了战场后,完全没有一丝一缕诸葛亮的风范,结果金兵轻轻松松地从郭倪手中夺了扬州,而郭倪则一边匆忙逃命,一边抱着身边的宾客号啕大哭。

消息一传出,人们都很瞧不起郭倪的行径,给他取了个"带汁诸葛亮"的诨号,一下子让郭倪"黑红"了一千年。

和我们今天的情况如出一辙的是,古人各种形式不一的"网名"形式,都属于一种"贴标签"的行为。而无论是自定义的,还是别人定义的,其中可能或多或少,都凝结着自己人生的某一段写照,或某时某刻的一种心声吧。

古人怎么玩转"自媒体"

现如今,自媒体只要粉丝够多,文章阅读量分分钟就能冲到十万以上,而且可以收获不少打赏。可是到了古代呢?靠写文章发家致富的知识分子真的是凤毛麟角。但是,如果文采极其出众,爆火程度和收到的打赏金额,也是我们无法想象的。

首先,我们先穿越到西汉看看,因为那里有个靠着"自媒体"走红的文化"大V"司马相如。

司马相如?就是那个身边有个富二代才女老婆卓文君的文化人?不错,司马相如的老婆名气是挺大的,但司马相如搞"自媒体",可没怎么靠老婆的帮扶,他是倚仗着另一位贵人——陈皇后陈阿娇。

相传，当年陈阿娇与汉武帝"分居"，进入"离婚冷静期"，想要挽回婚姻的陈阿娇试图借司马相如的妙笔制造舆论声势。于是，陈阿娇委托司马相如帮自己写篇赋卖惨，并且预付了他黄金当作稿费，从而留下了这段"千金买赋"的故事。

拿到巨额"打赏"的司马相如立刻行动起来，文思泉涌，下笔如有神助，很快华章锦句就汇成了一篇《长门赋》。至于这篇文章能不能让雇主陈阿娇再圆皇后梦，司马相如并不能左右。不过，这篇《长门赋》就像"大 V"接的广告软文，借着司马相如的名气和皇家情感新闻的热度，火速传播，势不可当，还引发了读者自发的再创作热情和二次传播热潮。被谱成流传千载的古琴曲《长门怨》，更是把"多媒体"的视听震撼力发挥到了极致，于是，如同"情感号"的共鸣效果引得无数网友留言评论一样，千百年来，陈阿娇与汉武帝的故事始终为人津津乐道。

唐朝时，文化名人韩愈则通过撰写碑文类文章成功晋升为"软文大师"。当时京师盛行写墓志铭，而为了家族美名和表达对逝者的尊崇，很多大家族不惜斥巨资找名人作墓志铭。韩愈的文才远近闻名，找他来作碑文的人络绎不绝，"打赏"也十分大方，好友刘禹锡曾在祭韩愈文中提到"一字之价，辇金如山"。而为了让客户满意，韩愈笔下的墓志、碑文里常常出现花式赞美，当时的文人们看不下去，纷纷讥笑韩愈，说韩愈拿的稿费都是"谀墓金"。作为"自媒体"，不能让人信服，争议就随之而来，比如韩愈所作的《平淮西碑》就引发了不少人的质疑。在这篇碑文中，韩愈把皇帝和裴度在征伐割据方面的贡献大书特书，却把起到重要作用的随、唐、邓三州节度使李愬的事迹一笔带过，他的行为不仅惹得李愬夫人十分不满，三军将士也对此颇有微词。迫于压力，唐宪宗不得不让翰林学士段文昌重新撰写，重新刻碑。作为"软文达人"，韩愈这次被"平台"撤稿，属实"打脸"。

不过，"自媒体人"名利双收的诱惑确实吸引了后世的文人争相涌入这个行业。想来在他们看来，哪怕混个温饱也算是一份工作。

宋代"自媒体人"通过观察，发现吸引"流量"需要平台，而宋代人"流量"最大的商业建筑体，就是街边林立的茶楼酒肆，选这里当作"自媒体平台"，一准能让推广工作事半功倍。于是，宋代的文人一窝蜂地跑去茶楼酒馆等商业体中题诗作画，期待着自己的墨宝有朝一日能让目标客户们看到，从此走上财富自由之路。

为了尽可能扩大影响力，一些文人写完诗词后，还要留在原地大声朗诵一番，算是填补了那个时代有声读物的空白。说来奇怪，"自媒体人"这样公然乱写乱画加高声朗读，酒楼的店老板与跑堂小二怎么就放任不管呢？难道他们不怕这些"自媒体人"惊扰了客人吗？

其实，各种商业体的老板们对于这些不请自来的"自媒体人"还是非常欢迎的。就拿当时的酒楼掌柜们来说，那个时代的酒楼不像现代装修得那么精致，文人们写写诗词，老板就当他们免费给墙面粉饰了。万一这些"自媒体人"哪天真的发达了，墙上的墨宝还能让酒楼秒变"网红打卡地"，可谓是无本万利。

这里必须提醒一下，古人选择在公开场合推广自己的方式也有一定风险。比如唐代的刘禹锡奉召回京时，手痒没忍住，跑去旅游景区玄都观写了首《元和十年自朗州召至京戏赠看花诸君子》，诗中直言"紫陌红尘拂面来，无人不道看花回。玄都观里桃千树，尽是刘郎去后栽"，算是暗戳戳地把当朝权贵讽刺了个遍。

这首诗的确让刘禹锡"一夜成名"，但这名气全是诗文带来的"副作用"。当时刘禹锡刚被皇帝从朗州召回京城，却因为这首诗，再度被贬到更远的播州去当刺史，幸好有裴度帮他求情，才改为下放到连州（今广东连州市）当刺史。

文章出了问题，轻则"关闭账号"，重则牢狱之灾、身首异处，当时的"自媒体人"自然明白其中利害。于是，一众人干脆另辟蹊径，组建了自己的小众"朋友圈"。能够进圈的人，大多是信得过的同行。

如此一来，"自媒体人"便可以关起门来放心地吟诗作对了。只要他们的某一篇诗文能获得同行的认可，那几乎就相当于有了行业知名度。而且这些小众"朋友圈"里还时常举办些"曲水流觞"之类的交流会，优秀作品还有机会被书童们整理成册，很有可能触发"快转"功能，那样名利双收就不是梦了。

不过，这样高质量的"自媒体"运营方式并非人人都能拥有，一些人脉资源有限的"自媒体人",只得退而求其次,选择自己出书之类的运营方式。好在到了明清时期,出版市场十分繁荣,不少书商与出版机构还具有版权意识,读者市场也开发得比较成熟,可以说为"自媒体人"提供了有利的创作条件。

繁荣的出版市场带火了大量的原创作品,当时的"自媒体人"异常活跃,《小窗幽记》《陶庵梦忆》《喻世明言》《五杂俎》等不同题材、面向不同受众的作品层出不穷,并且都收获了不少粉丝。作者们的"个人IP"也得到了很好的包装,徐霞客的作品集《徐霞客游记》彼时还没出版,但是大量的游记和个人的事迹已经被广大读者自发"转载",以至于徐霞客旅行到某些地方,当地的"粉丝"还热情接待,包吃包住。

当然,古代的"自媒体"行业里,偶尔也会出现一两个"怪人"。比如蒲松龄,他搭建了茶棚供行人歇息,而以"故事"换茶水的交易形式,不仅把广大茶客变成了"聊斋账号"的素材搬运者,还吸引了广大群众的目光,"流量"加持满分。不过,他并不执着于变现,而是一门心思把爱好当事业。清代曾有个叫王士祯的书迷,因为太喜欢蒲松龄的《聊斋志异》,专门跑去和蒲松龄谈买断版权的事,没想到蒲松龄视书稿如命,一口回绝了王士祯。

拒绝了王士祯后,蒲松龄便独自运营起"聊斋账号"。大热的题材加上极佳的故事,再配上吸睛的运营模式,"聊斋"可以说是"10万+"爆款频出,以至于今天还贡献了一批又一批的影视剧IP故事。

但是，在信息不发达的古代，"自媒体"行业激烈的竞争和从业者面临的内外部压力，一点也不亚于现代社会。自己的文章想要被传播，除了要有优秀的原创能力，更难的是如何打通传播渠道。想要"大V"推荐，就得想办法打通人脉，把文章送到他们面前，这波操作的门槛较高，不适用于所有人；想要走群众路线，就得有足够的文才或者能够引发热议的话题点，触发大家口口相传的"转发"热情。在缺乏媒体平台的古代，不仅素材来源有限，追热点也往往不及时，而且自己打广告都难，何谈让别人免费打广告？古人想要玩转"自媒体"，不拼搏那是不可能的。

古人的货币金融智慧

通货膨胀现象影响着国民生计，尤其是当商业繁荣发展后，货币的价值和商品价格之间的关系，在很大程度上，直接关系着百姓的生活水平。而在很多人眼里，"通货膨胀"是西方经济概念，其实，中国人在很早就已经开始注意并且系统地研究过相关的货币理论。先秦时期，《管子》一书就有这样的阐述："币重而万物轻，币轻而万物重。"而在唐朝时期，《政典》的作者刘秩也有过类似的论述："夫物重则钱轻，钱轻由乎钱多，多则作法使之少，少则重。"可见，我国的先贤对经济现象和其背后的逻辑，也进行过很深的思考。

通过古人敏锐而深刻的分析，不难猜到，面对经济市场的各种状况，古人也有很多锦囊妙计，而这些也与我们今天的诸多经济原理不谋而合。

秦始皇一统六国后，着手开展"书同文，车同轨，统一货币和度量衡"的工作，辛辛苦苦让全国的货币有了法定标准，其中铜铸币为计重货币，是"半两钱"。顾名思义，这种钱的重量是半两，听起来倒也分量十足。

谁知秦朝好不容易确定的货币制度，却让秦末的一场战乱破坏了。西汉王朝名义上虽然继续使用秦朝确定的"半两钱"，但由于战争导致国家财政紧张，西汉王朝为了解决经济问题，便在钱币的重量上做起了文章。

一开始，西汉王朝还算有底线。吕后时代铸的"半两钱"虽然重量减轻了一些，但对比秦朝每枚十二铢的规格，西汉王朝尚能做到每枚重八铢的"半两钱"。节省下来的金属材料，被西汉王朝用来铸造更多的货币，这显然引发了一定程度的通货膨胀。不过，由于此时通货膨胀的程度相对比较轻微，西汉王朝还能以"秦朝的钱太重了，不好用"为由，说服百姓使用汉朝的轻钱。

谁承想，西汉王朝尝到了铸轻质钱的甜头后，就再也停不下来，到汉文帝时期此现象愈演愈烈，西汉版的"半两钱"就只有四铢重了，这还是官方宣传的重量，若是按《史记》里司马迁私人打听的小道消息来看，则只有三铢重。

颇为讽刺的是，据出土的实物考察，汉文帝时最轻的半两钱只有 0.17 克，这个重量是秦朝版半两钱的六十分之一，照这么看，司马迁说三铢重，还算是"为尊重讳"了。

这些轻钱流入民间后，很快引发了一轮通货膨胀。据史料记载，从汉初到文帝执政的短短数十年间，民间的米价上涨了三百五十多倍，马匹价格上涨约一百一十五倍，黄金价格上涨约一百八十三倍。

疯狂上涨的物价，让百姓们对手中又小又轻的"半两钱"分外厌恶，他们给这种汉代版"半两钱"起了个形象的名称，叫作"荚钱"，比喻这钱像榆荚一样轻飘飘的，根本不好用。

百姓们怨声载道的同时，西汉王朝也是有苦说不出。西汉的统治者们何尝不知道钱轻米贵会引发通货膨胀，但西汉铜矿的采炼、制币和流通都不在政府手中，而是被少数财团及大商人所掌控，铸币原材料的缺失让西汉初期的统治者们只能铸着"荚钱"一条路走到黑。

所幸汉文帝及时重视了这个问题，他采取的措施，就是针对"劣币驱逐良币"这一经济规律。既然各大财团赚的是货币价值和货币原材料成本之间的利润，那么，他干脆反其道而行之，开放了民间铸币许可，但这是有条件的。既然想要取得铸币许可，那么就得按照朝廷的统一标准，制作规范的钱币，同时，还要按照国家的衡量标准，来对产品进行质量检验。怎么检验呢？就是要求大家使用的秤必须标准化，如果在秤上做手脚，会受到法律制裁。每个市场，都要求放有这样一杆秤，用以检验交易的货币是否足称。如此一来，货币的价值就在外部条件的作用下，逐渐和交易的商品的价值相当。如果拿着不足量的货币，买家就会被要求加高价格，劣币也就逐步失去了市场。如此一来，货币价值逐步被统一，市场交易价格也就越来越规范。

与此同时，随着"七国之乱"平息，诸侯国及大财团势力减弱，到了汉武帝时期，西汉政府顺势再把铸币权收归中央，凭智力和实力稳定住了这一轮通货膨胀。

到了宋代，随着市场经济的发展，商业越来越繁荣，大批的手工业者、商人、小业主构成了市民阶层。城市人口聚集，带来了消费需求的猛增，每天有大量的货物从全国各地流入汴京。随着这种跨区域的交易数量激增，商人之间更喜欢用便于携带的交子交易，但是没有监管的市场环境，交子时不时会出现无法兑换的情况。为了保障市场的正常运转，北宋政府开始对交子行业进行管控。政府精选了十六家富商，特许为交子经营商，由政府监督交子的印刷、发行和经营。到了宋仁宗时期，设立了官营交子机构——益州交子务。而为了维持纸币价值稳定，政府规定了兑界，并以两年为周期，到期以旧换新。北宋对于交子的管理比较谨慎，发行量基本做到了克制冷静，维持了交子价值稳定长达几十年。随着宋朝和西夏、金朝的战争，交子变成了朝廷搜刮钱财的一个途径，通货膨胀日益严重，交子的公信力逐渐流失，北宋的经济逐渐崩溃。在这个过程中，北宋政府的介入和宏观调控，能够促使纸币价格稳定，但是政府的宏观调控不是万能的，市场的崩溃反映的正是当时社会秩序的混乱和失控。

古代人对于货币金融知识的认知、对金融体系的建立，经过了很长时间的摸索，在这过程中，普通的老百姓也饱受通货膨胀、物价不稳定等问题的摧残。而我们的祖先从一次次的危机与动乱中总结的经验与教训，才愈发弥足珍贵。它不仅形成了独具东方特色的货币金融智慧，独树一帜的货币金融体系，也成为中国几千年来曲折向前的重要基石。

古人也倡导低碳环保

在现代社会中,"低碳环保"的理念早已深入人心。许多科技发明都致力于提高资源使用效率,实现社会经济可持续发展。通过人们的不懈努力,"低碳环保"也多了几分新潮的含义,似乎具有"低碳环保"观念,才是最炫最"硬核"的高新产品。

但其实,"低碳环保"并不是现代人的独创。在没有手机、电脑,也没有"循环经济学"与"低碳环保"概念的古代社会,古人就已经意识到"低碳环保"的重要性。

说起古代的"低碳环保",就不得不提到古人对书写材料的"革命"。在汉代之前,古人主要使用竹简和缣帛来记录文字资料,这些材料造价高昂,十分浪费自然资源,使用起来又很不方便。在西汉之时，一种很粗糙的纸张问世了，但是制作工序繁杂，产量很低，只有一小部分人能够用得上。东汉时，一位名叫蔡伦的发明家，便用树肤、麻头、敝布及破渔网等材料，改良了造纸术，研究出了"四大发明"之一的"蔡侯纸"，不仅降低了写字原材料的耗材量，使得纸张的生产成本大大降低，还大大提升了书写的便捷度，直接推动了人类文明的进步。

除了对自然资源的合理利用，古人也注重对自然环境的开发与保护。比如，苏轼出任杭州太守之后，发现西湖河道淤积，水草丛生，水量极少。而西湖关系着当地的渔业、农业、酿酒业、水文生态和交通运输，于是，苏轼上奏请允后，开始动工疏通河道。而挖出来的淤泥运往何处呢？苏轼想了个办法：在西湖用淤泥修筑了一条长堤贯通南北两侧，将西湖分成里湖和外湖；在堤坝两侧种植柳树与荷花用以巩固泥沙；在堤坝中间修建拱桥以便船只通行；把沿岸的水域分配给附近的居民，让他们种植菱角，一方面可以增加家庭收入，另一方面也可以引导居民主动清除河道里的葑草，保护自家菱角的生长。如此一整套措施实施下来，不仅环境变好，风景变美，百姓的生产生活条件也得到了改善。后人为了感谢和缅怀苏轼，把这修好的长堤称为"苏公堤"，也成为我们今天仍津津乐道的西湖美景，自此西湖在中国的文学、艺术领域，大放异彩。

像蔡伦、苏轼这样依赖于一定的技术和人工，能够物尽其用、变废为宝的环保行为，一般人难以想到和做到。所以大多数古人在日常生活中，则是通过"惜物以养德"的准则来约束自己，取之有度，用之有节。

比如，据《晋书》记载，东晋时期名将陶侃曾让人将造船剩下的木屑和竹头收集起来，等到雪后初晴，大家举办新春朝会时，再把这些木屑拿来铺路。如此一来，既使参加朝会的人们避免了被雪水打湿鞋袜的尴尬，又将废弃材料再利用，一举多得，利人利己。

再比如，都说中国地大物博，但是中国从很早就有限制砍伐、限制渔猎的相关法令，用以保护生态平衡。《逸周书》中记载，大禹就曾颁布法令："春三月，山林不登斧，以成草木之长；夏三月，川泽不入网罟，以成鱼鳖之长。"后世历朝历代，也都对林耕渔猎进行了严格的规范，防止过度开发，破坏生态。比如《唐六典》中规定："凡采捕畋猎必以其时，冬春之交，水虫孕育，捕鱼之器，不施川泽；春夏之交，陆禽孕育，馁兽之药，不入原野；夏苗之盛，不得蹂藉，秋实之登，不得焚燎。"

而日常的生活用度，大多数人也会在节约节俭上想办法。不仅可以节省生活开支，也在一定程度上达到了低碳环保的效果。

比如，人们遇到难缠的人，时常会说"这人真不是省油的灯"。而有趣的是，在古人的生活中，真的出现过"省油灯"这一"低碳环保"的利器。据《辞源》记载，"省油灯"一词出现于南宋陆游笔下的《老学庵笔记》，其中提到："宋文安公集中有《省油灯盏》诗，今汉嘉有之，盖夹灯盏也。一端作小窍，注清冷水于其中，每夕一易之。寻常盏为火所灼而燥，故速干，此独不然，其省油几半。"陆游提到的"夹灯盏"，就是一种具有节能功效的"省油灯"。它与普通油灯最大的区别，就是碟壁有中空的夹层。使用的时候，先往侧面的夹层里注入少量清水，再往油碟里倒油，便可以让灯的耗油量大幅下降。不得不说，"省油灯"的发明初衷，和我们用的节能灯如出一辙。

除了节能减排、保护生态，古人对污染也同样深恶痛绝。根据《汉书·五行志》记载："商君变法，弃灰于道者，黥。"就是说，如果被抓到在大街上乱丢垃圾，会受到面部刺字的刑罚。而随着城市人口日益增多，城市生活垃圾也成为必须处理的问题。宋人吴自牧在其作品《梦粱录》里记载："人家甘泔浆，自有日掠者来讨去。杭城户口繁夥，街巷小民之家，多无坑厕，只用马桶，每日自有出粪人溲去，谓之'倾脚头'。""有每日扫街盘垃圾者，每支钱犒之"。就是说，当时杭州，厨余污水和排泄物的收集、城市内的街道清理和垃圾回收，都是由专人负责处理，相当于今天的环卫工人。

从古人的环保行动中，我们可以看到，古人的环保意识中不仅有对大自然满满的敬畏，也有对自身德行修养的注重。他们追求自己和外部环境的和谐，追求"天人合一"。而我们今天投入大量资金和人力，来推进环保节能，既是传承前人的生存智慧，也是在科学的基础上，不断地做技术升级，以便更好地爱护我们赖以生存的地球。

古人的风险管控意识

从道家的"祸兮，福之所倚；福兮，祸之所伏"到儒家的"人无远虑，必有近忧"，自古以来，中国人面对当下与未来，始终是有忧患意识的，也乐于未雨绸缪，以最大的努力去防范风险。不说别的，光从流传至今的成语典故、名言警句中，就能感受到古人强烈的风险管控意识。

在现代金融体系里，银行等经营机构喜欢将客户的理财偏好分为保守型、稳健型和进取型，再根据客户的风险承受程能力科学配置金融资产。这种对财富的支配和管理，古人很早就研究出了很成熟的理论思想和运作体系。

今天我们提倡的适度消费和理性消费，在《易·系辞下》中就已经说得明明白白："理财正辞，禁民为非曰义。"意思是，正确使用和管理财务，禁止不合理的消费和开支，才是规避风险的根本方法。上升到国家高度，《汉书》中也曾说道："以其舍法度而任私意，奢侈行而仁义废也。"从历朝历代的"现身说法"不难发现，"太平盛世"的诞生，离不开统治阶层的励精图治和自律节俭。比如西汉初年的汉文帝刘恒，就在个人用度和国事开支上，极尽节省，令各级官吏要"务省徭费以便民"，其在位二十多年，皇宫园林未曾扩建，宫中器物也是很少添新。"文景之治"的气象，也成为上下一心、开源节流的典范。开创了"贞观之治"的唐太宗，则以汉文帝为标杆，继续大力倡导戒奢尚俭。在个人生活上，他认为"崇饰宫宇，游赏池台，帝王之所欲，百姓之所不欲"，对于大兴土木、劳民伤财的举措十分抗拒，甚至以偶像作为挡箭牌，来堵住众人之口："朕德不逮于汉帝，而所费过之，岂为人父母之道也？"

从风险管控的角度来说，戒奢崇俭是保护了广大人民的劳动成果，从而增加了全民乃至国家的抵御风险的能力，也能有效地减少统治阶层和广大人民之间的矛盾和冲突，从内而外赢得了一个良好的发展环境，降低风险的同时，可以进一步巩固自己的发展成果。

当然，从理财的角度来说，风险和回报有时候是相辅相成的，想要获得高回报，冒点险是必要的。而如何能有效管控风险呢？当然是要把握时机，进退有度，正如范蠡所言："时不至，不可强生；事不究，不可强成。"

无论是何种理财风格，不对事物进行充分研究，掌握其规律和本质，不能审时度势，抓住时机，终究会吃亏。比如，战国时期的大商人吕不韦就是位偏好高风险的"进取型选手"，他的致富经归纳起来就是八个字：高抛低吸，赚取差价。至于风险，吕不韦对其就有点评估不足，防范不当。

先说风险投资，吕不韦关注的重点便不是风控，而是最优质的风投回报。吕不韦曾问他父亲："耕田的收益率有多高？"

父亲想了想，告诉吕不韦说："十倍。"

吕不韦又问："那若是经商买卖珠宝的收益率又有多高？"

父亲说："百倍。"

这时，吕不韦突然又问道："要是拥立一国君主，那会有多高的收益呢？"

父亲说："那就是无法计算的暴利了。"

而吕不韦的人生高光正来自他对一国君主的投资。他找到滞留在赵国当人质的秦公子异人，而后把异人当作"潜力股"，投入了大量的脑力、人力、物力和财力，帮其运筹帷幄，继承王位。

因为这笔成功的"风投"，吕不韦配上了秦国相印，还获得了食邑河南洛阳十万户的超额回报，成功实现富可敌国的梦想。不过，吕不韦获得高收益后，却未能及时止盈，犯了风险管控的大忌。秦庄襄王驾崩，幼主嬴政继位后，一时权柄无量的他，更加不掩饰自己的羽翼和锋芒，越位专权，妄图一家独大。而他不计后果的行为，最终导致秦始皇不得不全力反击，不仅剥夺了他的相位，还将其全家一贬再贬，最终贬至边远的西蜀。那时的吕不韦才明白，自己只是个投资者，而不是规则的制定者，得失之间，全赖自己的审时度势，如今已是死局，唯有自尽一条路了。

同样是拥立新主、劳苦功高，西汉初年的丞相萧何与吕不韦不同，其平衡回报和风险的做法，就是典型的稳健型投资。萧何晚年的时候，在非常偏远的地段置办了田宅，而且新房子连围墙都不修，似乎毫无防范意识。

萧何的做法让当时的人们都非常不理解。要知道萧何身为汉相，想买哪里的房子买不到，为何非要把家安在穷乡僻壤？更何况，汉初治安力量有限，郊区的房屋不修围墙，安全指数实在太低。

人们的疑虑传到萧何耳中，萧何总是笑而不语。直到萧何临终时，这位大汉丞相才道破自己看似"不靠谱"的风险管控术。

原来，萧何之所以买郊区的房产，是为了给子孙后代做出未雨绸缪的安排。如果子孙有出息，那么不管萧何把房子买在哪里，子孙都能凭借自己的本事进行改善型置业，可若是子孙没有能力，萧何留下好地段的田宅，必然会引人争抢。那时他的子孙不但保不住祖产，只怕还会陷入麻烦中。

至于房屋不设围墙，也是萧何风险管控的重要一环。由于萧何的田宅远离闹市区，难免有脱离政府监管之嫌，于是萧何便不给房屋安设围墙，从而最大限度地避免皇家对他的猜忌。

萧何的行为，放在古代，就是典型的"不把鸡蛋放在一个篮子里"，放在今天，就是高收益型投资和保本型投资相结合的资产配置，不仅平衡了风险，给了自己和家人一份最基本的保障，也让自己的"合作伙伴"安心。

说到风险管控，古人常挂在嘴边的"居安思危"，自然少不了国家的军事安全。数千年来，从《周易》中就提到的朴素理念"安而不忘危，存而不忘亡，治而不忘乱"，到墨子提到"心无备虑，不可以应卒"，再到明代的永乐大帝提出的"天下既平，不可不思患而豫防之"，提高军事方面的风险防范意识一直是安邦治国的主旋律。

为了维护国家安全，防范外敌入侵，历代帝王都十分重视军队的建设与管理，也非常重视防御设施的修建。战国时期，各诸侯国修建长城，抵御帝国入侵，秦国一统天下之后，秦始皇为了抵御北方游牧民族入侵，将各国长城连成一线，还主动出击，派大将蒙恬率领大军北伐匈奴，"北却匈奴七百里"，收复河套平原，设置九原郡和四十多个县，并移民实边，修建秦直道，以备运兵备战、传送军情。而对于边疆的防患，历朝历代也是穷尽心力，羁縻、和亲、封贡互市、册封、屯兵屯民……可谓是将"制治于未乱，保邦于未危"进行到底。

当然了，"祸患常积于忽微"。在抵御自然灾害方面，防微杜渐向来是古人防患于未然的基本准则。在古代，人们抵御水火的能力不强，所以，将危险消灭于萌芽时期就显得至关重要。"千里之堤毁于蚁穴",《唐律疏议》中就对各个州县的防洪工作做了严密部署:"近河及大水有堤防之处,刺史、县令以时检校。若须修理,每秋收讫,量功多少,差人夫修理。若暴雨汛溢损坏堤防交为人患者,先即修营,不拘时限。"就是说,堤坝的修筑维护,要放在重中之重,绝不能有所拖延。再说防火,在古代城市里,望火楼上日夜有人值守,一旦发生火灾,白天则用旗帜为号,夜间则以击鼓为号,通知大家发生火情,及时救援。而到了南宋时期,城市人口增多,为了保证城市安全,专业的潜火军也随之诞生,以求以最快的速度消灭火情,保障市民的生命财产安全。

自人类诞生之日起,风险与人类就是共存的。面对危险和危机,从无知无措的被动局面,到有布局有计划的主动防御,中国的历史文化中,强烈的安全需求和规划思维衍生的风险管控意识,始终是我们生生不息、绵延不绝的法则。

古代也流行防伪技术

自古以来，人们在日常的生产生活中，从未停止过对防伪技术的钻研。

秦王朝统一天下前，七雄争霸，四方扰攘，这时真刀真枪拼出来的军事指挥权，就成了各路统帅最为看重的无形资产。为了防止有人假传军令，先秦时期的古人发明了一种名叫"虎符"的工具，用于调动和指挥军队。虎符为铜制虎形，分左右两半，调兵时将帅持一半，帝王或其派出的使者持另一半，只有两半虎符完全相合才能调动兵马。

然而，虎符毕竟长期在外流通使用，若是有人悄悄记住虎符的样子，再暗中造个假货，又该怎么办呢？

别担心,古人早就想好了对策。他们在虎符上面制作了不规则的凸起、凹点和纹路,从而形成一种独特的"防伪密码"。即便真有人模仿虎符的外形制造假的,也无法将所有的细节模仿得一模一样。

除了特制的"防伪密码",古人还不惜工本在虎符上设置了错金铭文。所谓错金铭文,就是先请高手匠人在虎符上刻上阴文,而后将金丝嵌在阴文里形成铭文。类似这等高超的防伪技术,一般人想要复刻还真是既没有这个手艺,也没有这个经济实力。

不过,虎符上的防伪技术虽然十分精良,但古代的统治者仍不放心,这是因为统治者渐渐发现,有时候虎符虽然是真的,但拿着虎符的将领却未必可控。比如春秋时期,秦国派出重兵围困了赵国都城邯郸,战国四公子之一的信陵君就派人偷了魏王的虎符去救赵国。

或许是因为信陵君"窃符救赵"的事迹太过出名,后世的统治者们在使用虎符时,干脆额外配送一份圣旨或者文书来说明命令。而这些圣旨或者文书上,也暗含了高超的防伪技术。其中,文书的防伪主要靠印章。先秦时代,所有的印章统称为"玺",但随着历史的演变,"玺"后来成了皇帝的专用章,而一般大臣的章则称为"印"。

不管是"玺"还是"印",通常都是石质的,一旦用力敲击便会留下痕迹。于是,聪明的古人有时便会在"玺"或"印"制作完成后,故意敲击刻字面,随机留下一些裂痕来作为防伪标记。

官方"高大上"的防伪技术到了民间，就简化成"签字画押防伪法"。毕竟民间百姓时常遇到商业交易，为了防止不法分子造假骗人，百姓便在商品交易的文书上签字画押、摁手印，以保证交易的真实性。

宋代时，有个名叫任一郎的鞋匠突发奇想，想出用"防伪识别码"的方式打击假货。他在制作鞋子的时候，总是悄悄往鞋里放个小布条，布条上写着鞋子的出厂日期及独一无二的编号，顾客买回家一查验，就知道这是不是正宗的"任家鞋"了。

除了商家需要防伪技术，民间百姓最担心的，还有日常所使用的银票出现假的。

事实上，虽然宋代的交子上已出现了一些防伪标识，但高额的回报仍让一些人忍不住铤而走险。朝廷为此每年蒙受巨大损失，忍无可忍之下，只得在防伪技术上拼命下功夫。这套防伪技术经过数百年的发展，终于在明清时期形成了一套完善的体系。

首先，印钞用纸选取高端的纸张，从而提高造假成本。据史料记载，宋朝时，印制交子的原材料还仅仅是"楮皮纸"。到了明朝洪武年间，流通货币"大明宝钞"的原材料就换成了"桑皮纸"，而清代使用的则是以高丽纸和白色台笺纸为主，这些纸张不仅成本不菲，民间还极难采购，这就在源头上达到了防伪的效果。

其次，明清时代的银票上还采用微缩花纹作为防伪图案，而且花纹的款式从来没有定式。有时候朝廷为了有效防伪，还会频繁更换印制母版，从而增加造假的难度。更令人惊叹的是，明清时代，人们通过造纸时丝网的变化，人为改变纸浆的密度，从而在银票的夹层上刻画出"水印"。这种防伪黑科技，分分钟让古代防伪技术提高了一个层次。

但若是真要论天下防伪技术哪家强，还得看晋商们的手段。这些常年跟钱打交道的商人，自创出一套吓退造假者的防伪大法。

明清时代，晋商专门请工匠制作出微雕印章，上面雕刻着一些千古名篇，比如王羲之的《兰亭集序》。并且，工匠雕刻《兰亭集序》时，晋商会要求工匠故意刻错几个字，而且这些刻错的字还定期更换。要知道微雕技术本来就很难假冒，更别提一篇《兰亭集序》那么多字，谁知道错字是哪几个。在此情形下，有心造假的人不免打起了退堂鼓。

自带错字版的微雕防伪技术，不过是晋商防伪大法中的热身动作，晋商真正的大招，是宛如密码学般的密押防伪技术。

密押，指的是用汉字代表数字的密码法。晋商们会在银票上设计一些外人看不懂的"天书"，但通过晋商自己设定的阅读法，却能解读出日期、银两数等重要信息。如此一来，只要老百姓将带有密押的银票一拿到票号，晋商马上就能判断这张银票的真伪了。

民间防伪技术尚且如此了得，圣旨的防伪技术就更为精密。明朝时，圣旨的制作材料多为上等蚕丝织成的绫锦织品，两端绣有翻飞的银色巨龙作为防伪标志,圣旨正文的一面还绣满了祥云图案。

同时,由于明太祖朱元璋首创出"奉天承运皇帝,诏曰"的开场白,明朝政府干脆将这句话当成圣旨上的一处防伪暗记,特地规定圣旨的第一个"奉"字,必须绣在右上角第一朵祥云上。而且,圣旨上并非只有皇帝的御玺盖印,圣旨的制造、书写、盖章、宣读等步骤,都有对应的负责人签字。遇到有人造假,稍作查证,便可发现真伪。

古人的防伪技术,从源头到终端验证技术,都在不断地进行技术升级。其中,缜密的逻辑思维和今天的很多防伪技术一脉相承,比如我们常用的验证码、指纹验证。而高超的工艺水准发展至今,已经诞生了更加高科技的手段,比如激光防伪标签、二维码的防伪验证等。但说到底,最好的防伪技术,是不再有造假之人。

第五章 生活篇

古代竟然有"外卖"

要说人生中最难的选择题有哪些,那答案一定少不了"今天中午吃啥"。

所幸,随着互联网技术的发展,这一"千古难题"终于被"外卖"完美攻克。不过,如今人们热衷的外卖并非现代快生活的产物,早在八九百年前,"外卖"就是红极一时的潮流典范了。

据《东京梦华录》记载,北宋时期,统治者对于手工业和商业的限制减少,城市发展迅速,市民的消费需求带动了商业的发展,国民生活蒸蒸日上,再加上宋代的统治者"人性化"地取消了"宵禁"政策,一下子盘活了夜间经济及餐饮业。一时间,北宋都城里瓦舍勾栏、茶楼酒肆林立,餐饮业的竞争进入白热化状态。

激烈的竞争促使餐饮业的老板不得不提高服务质量，于是，"外卖"业务应运而生。在当时，"点外卖"还有一套特殊的流程。食客提前派人到店，"逐时施行索唤"，告诉店家某年某月某日需要哪些菜品，并且留下送餐地址。店家则将食客的要求一一记录在案，等到约定的时间便派伙计送餐上门，再将餐饮费带回店里。若是熟客，还可享受餐具免费租借一日的优惠活动。

可别小看这个优惠活动，当时北宋一些高档饭店使用的餐具十分精致，有些店家为了彰显身份，甚至为食客提供了银制餐具和象牙筷子。这种"外卖"带来的高级感，也是服务品质的彰显。

不仅如此，用来送"外卖"的食盒也极为考究。店家通常采用木、竹、珐琅和漆器等材质制作食盒，盒内分为数层，用来放置不同的菜品，整个盒子为长方抬盒，便于携带行走。为了保证菜品的口感，店家还会在食盒内放置"温盘"。"温盘"由上下两层陶瓷构成，上层瓷薄，下层瓷厚，中间形成密闭空间。使用时，只需向"温盘"中间夹层注入热水，就能起到保温作用，延长食物冷却的时间。

这种颇为高级的"外卖"，也让"点外卖"这一行为成为宋代人身份的象征。然而，美中不足的是，宋代的"外卖"没有互联网技术加持，食客没法网上点餐，只能到店预订"外卖"，遇到店家生意好的时候，食客们也没法预约排号，只能"硬核"排队。

不过，店家的"外卖"菜品倒是种类齐全。从《东京梦华录》

里的记录来看,宋代的"外卖"有软羊诸色包子、猪羊荷包、烧肉干脯、玉板鲊虷、鲊片酱等菜品,这对于老饕来说,无疑就是每天的快乐源泉。

种类繁多的"外卖"引领了一场宋代上流社会的时尚潮流。富商巨贾、达官贵人纷纷成为"外卖"的忠实客户,就连吃惯了山珍海味的皇帝,也爱上了民间的"外卖"。

据《癸辛杂识别集》记载,宋孝宗赵昚就对"外卖"情有独钟。隆兴年间,有一次宋孝宗借着观灯节的机会,在入夜之后叫人将夜市上的"网红菜品"李婆婆鱼羹、南瓦张家圆子等送进宫来,准备感受下"吃货"的快乐。一尝之下,宋孝宗发现"外卖网红菜品"果然妙不可言,不禁龙心大悦。欣喜之下,宋孝宗大方地打赏了店家双倍饭菜钱,还成了民间美食的"狂热粉丝"。

宋孝宗喜爱的"外卖",同样也是太上皇赵构的心头好。有时宋孝宗去看望太上皇,赵构便会点上李婆杂菜羹、贺四酪面、臧三猪胰胡饼和戈家甜食等一大桌子"外卖",与宋孝宗一起品尝美味。

无独有偶,宋徽宗也是"外卖"的忠实拥趸。据《东京梦华录》记载,宣和年间,徽宗专门在晨晖门外设置了御用"外卖小哥",只要徽宗想吃"外卖"了,"外卖小哥"就会立刻按徽宗的要求将"外卖"送进宫里。而民间各大酒楼茶肆,也早早准备好"圆子、馉拍、白肠、水晶鲙、科头细粉、旋炒栗子、银杏、盐豉汤、鸡段、金橘、橄榄、龙眼、荔枝"等种种食材,随时等候徽宗的"索唤"。

皇帝爱"外卖",百姓也一样。宋代家境殷实的"都市小白领",有时像现代人一样懒得做饭,便会霸气地点上一份"外卖",渐渐地,"市井经纪之家,往往只于市店旋买饮食,不置家蔬"。

据冯梦龙《喻世明言》记载,一些善于把握市场行情的店家,一见"外卖"大受欢迎,立刻升级服务,派店小二在饭点儿之前,走街串巷吆喝一圈,需要点单的顾客听到吆喝声,便可以直接将自己需要的"外卖"菜品告诉店小二,再付上一笔订金,就能坐等"外卖"上门,免去到店排队之苦。

民间"外卖"刚刚兴起之时,店小二还能兼职"外卖小哥",完成给客户送餐的工作。然而,随着叫"外卖"的人越来越多,店小二们忙不过来,不少店家便干脆雇用了一批"外卖小哥"来送餐,这些"外卖小哥"被人们称作"闲汉"。他们饭点儿时替店家送餐,平时也接一些替人取东西或者买货的工作,有点类似现代众包平台上抢单的自由职业者。

与现代"外卖骑手"不同的是,古代的"外卖小哥"没有电瓶车,送餐全靠两条腿,还得熟记客户的地址,才能在没有导航的情况下准确无误地将餐食送到客户手中。

这一幕送餐的场面,被大画家张择端用传神的笔触,记录在传世名画《清明上河图》中。只见画里的"外卖小哥"左手拿着两只碗,碗里装着食物,身上还挎着食盒,神色匆忙,似乎正赶着给客户送餐。

细看画作中"外卖小哥"的工作状态,也让人心中无限感慨。

在古代如此简陋的条件下,"外卖"不但没有被淘汰,反而成了人们生活中的一种情趣。皇帝放着宫廷御膳不吃,上赶着点民间的"外卖",而"外卖小哥"也在乐呵呵地干着送餐的活。每个人都在"外卖"中找到了生活的乐趣,而这种生活中的"小确幸",在快节奏的现代社会里,已然越来越难以被人们感知到了。

古代的冷藏设备

炎炎烈日下,大街上随处可见打着太阳伞、喝着冷饮的人们。那么,在没有冰柜的古代,人们是怎么度过炎炎夏日的呢?其实,古人在夏季也一样能喝到冷饮,甚至还能一边制作冰镇食品,一边将低碳环保进行到底。

据《周礼·天宫·凌人》记载:"凌人掌冰正……春始治鉴……祭祀,共冰鉴。"这里提到的"凌人",就是专门负责藏冰及供应冰块的官员。凌人通常在冬季十二月漫天飞雪的时候凿冰存储,正月藏冰,等到春季三月再启出冰块。

按《仪礼》记载,藏冰时古人要先祭司寒之神。古人认为寒气来自北方,因此献给司寒之神的祭品要用五行中代表北方的黑色。古人一般选用黑色的公羊和黑色的黍米作为祭品，待到启冰时，还要再次献礼，这次古人不再用黑羊及黑黍，而是改用羔羊和韭菜。

在古人眼中，启冰后取出的第一批冰最为珍贵。这些冰会马上放到祭盘里，拿到太庙祭祀先祖，就连皇帝也只能眼巴巴地看着，哪怕再热也休想打这第一批冰的主意。

好在剩下的冰便可以任由皇帝支配使用了。有时这些冰块会被放进一种特制的藏冰容器"冰鉴"中，与食物、酒混在一起。由于冰鉴的封闭性较好，里面的冰块能较长时间都不化，从而起到防止食物腐败的作用。

藏冰储食的冰鉴，就这么成了最早见诸史册的古老冰箱，但它的真实面貌却直到四十多年前才再次展露在世人眼前。1978年，考古人员在曾侯乙墓中发现了一款青铜制作的冰鉴。该冰鉴的箱体上设有手提铜环，便于移动。顶部的盖板上留有孔洞，既方便人们打开，又能当作排气孔降低室内温度，可谓一举两得。

冰鉴的里面装有一方壶，方壶的口对着顶部的盖板。盖上盖板后，方壶的壶盖正好从顶盖中间露出。据考古学家推测，这壶或许是古人用来盛酒的，看来千年前的古人，已经是冰镇饮品的深度爱好者了。

冰鉴虽好，却无法大量储存食物。因此，古人主要用冰鉴来存放大型活动时供宾客食用的少量食品，而日常生活中遇到大批量食品需要冷藏时，古人则将这个重任交给了简易版的"冰库"。

冰库在周代被称作"凌阴"，《诗·豳风·七月》中说"二之日凿冰冲冲，三之日纳于凌阴"。可见那时古人使用冷藏设备已有了一套标准化的流程。到了汉代，冰库摇身一变成了"凌室"，这才有了《汉书·惠帝纪》中提到的"（惠帝四年）秋七月乙亥，未央宫凌室灾"。

值得一提的是，隋唐之前，冰库这种冷藏设备还是皇帝家才能用的高级货。那时候的人们想要在酷暑难耐之时享用冰非常不容易，而家里有冰的皇帝，这时便会在盛夏之际将冰赐给百官，以示皇恩浩荡。所幸随着时代的发展，隋唐之后民间渐渐开始出现土冰库。唐朝时，人们甚至掌握了人造冰的技术。据《杜阳杂编》记载："盛夏安镬，用水晶如掌者汲水煮沸，取越瓶盛汤，油帛密封，复煮千沸，急沉涧底，平旦冰结矣，名寒筵冰。"

从这条记载来看，唐朝人发明的人造冰技术，比欧洲的整整早了五个世纪。不过，虽有人造冰加持，唐代人依然面临着储冰不易的难题，冰价一直居高不下，用《云仙杂记》中的话来说，就是："长安冰雪，至夏日则价等金璧。"

像金子一样昂贵的冰雪，让普通百姓摸摸腰间干瘪的荷包，默默放弃了购冰的想法，转而琢磨起另一种储冰的冷藏设备——冰井。

所谓冰井，就是藏冰的地窖。宋代的陈师道曾在诗中提到："洒然堕冰井，起粟竖寒毛。"由此可见，冰井的冷藏效果极好，它与冰库最大的区别，则是冰库是地面上的冷藏设备，而冰井大多位于地下。地下的冰井常常被古人用来储存食物，古人还给这种冷藏食物的方法起了个好听的名字——冰藏法。不过，若是遇上高温天气，古人有时也会跑到冰井里去纳凉，这时冰井便友情客串古代版空调房，不仅制冷效果好，还低噪低碳、环保节能。

这么炫酷的冷藏设备，现代人看了也忍不住夸一句"真香"，而古人更是将冰井当成了心头好。郦道元在《水经注·河水五》中记载："朝廷又置冰室于斯阜，室内有冰井。"可见北魏时期，冰井就已经融入古人的生活，成了古人离不开的宝了。

要论将冰井用出气势来，还得看三国时代的曹操。据《水经注·浊漳水》记载，建安十八年，曹操在邺城修了个冰井台，"亦高八丈，有屋一百四十间。上有冰室，室有数井，井深十五丈，藏冰及石墨焉"。

这座足足有一百四十间屋子的冰井台，算是将冰井的冷藏优势发挥到极致。可惜，这座冰井台虽然气势宏伟，却不便移动。若是古人遇到长途运输需要冷藏储存的食品，又该怎么办呢？若是古人有发言机会，他们一定会按下抢答键，大喊一声："这题我会啊。'冷链运输'的冷藏设备，我们早就安排得妥妥的了。"

说到"冷链运输"的忠实客户，就不得不提唐朝的杨贵妃。有道是"一骑红尘妃子笑，无人知是荔枝来"，酷爱荔枝的贵妃娘娘，常常让唐玄宗的"私人定制快递"运送荔枝，逼得"快递小哥"往返千里取货，再用最短的时间送货上门，以便让杨贵妃尝到最新鲜的荔枝。

然而，千里迢迢送货路，哪怕"快递小哥"日夜奔走不停，这娇贵的荔枝也是说不新鲜就不新鲜了。为了延长荔枝的保鲜期，唐代的人们想出了在荔枝里放冰块的方法，算是"冷链运输"的雏形。

明朝时期，"冷链运输"模式得到进一步发展，出现了专门用来长途运输的冰船。明代于慎行在诗里说："六月鲥鱼带雪寒，三千江路到长安。"诗中的"长安"指代明朝首都北京，若是从江南运送河鲜而来的话，一路溯流而上，路远山长，可这鲥鱼却能在气候炎热的六月天里不腐败，这是为什么呢？

答案就藏在冷藏设备中。诗中的"带雪寒"，就是专门用于"冷链运输"的冰船。这种船上储存了大量的冰块、河鲜及其他食品，一送入船中，就立刻冰冻保鲜，从而确保了经过几千里的长途运输，船上的食物依然新鲜。

一条条到了京城依然鲜活的鲥鱼，不禁让人赞叹古人先进的冷藏设备的确功能强大。冬季天然的冰雪成了人们夏季冷藏食物的"神助攻"，古人自此告别了受限于季节，只能食用当地应季食物的生活。人们的食谱越发丰富，而人类的科技文明，也在这一饮一食间，不断进步发展，书写出浓墨重彩的新篇章。

古人的御寒防暑措施

网上曾有一个著名的提问：幸福是什么？

其中的高票答案赫然写着：幸福就是猫吃鱼，狗吃肉，奥特曼打小怪兽。

如果要我来回答这个问题，那答案一定是夏季躲在空调房里喝冷饮，冬天在暖气屋中看飘雪，一年四季皆无酷暑严寒之苦，舒适惬意。

空调房

想要拥有这样的幸福，现代人可以选择用空调御寒防暑。而古人也可以使用"空调"防暑，只不过他们用的空调是"冰箱空调一体机"。

我们前文提到古人有个冷藏效果一级棒的"冰鉴"，这冰鉴的顶盖上有散气孔，既能当冰箱用，也能往屋里排冷气，只不过耗冰量大了点，一般只有顶级富豪才用得起。

经济实力次之的大户人家，则喜欢用"冰井"来纳凉。这冰井位于室内的地下，人往井口一站就能感受到丝丝凉意，如果嫌井口的制冷效果太弱，还可以下到井中，体验超大风的强力制冷模式。宛如现代空调一般的自主调节制冷模式，让冰井成为当之无愧的"空调井"，助力古人度过一个个盛夏酷暑。

冷饮

没有实力打造冰井的普通人家，便盘算着自己制作"人造冰"。他们选用硝石作为人造冰的主要材料。这硝石又被称作"墙霜"，一般存在于室外低温的墙角，古人想用硝石时，会去墙根下刮些下来，硝石溶于水后，会吸收大量的热量，从而让水温骤降瞬间结冰。虽然这种人造冰多是碎冰，一旦遇热很快就会融化，但对于古代家境一般的普通人来说，能拥有一份人造冰带来的清凉，已经是一件非常幸福的事了。

有了冰，古人的防暑手册中便多了一条"冰镇饮料"的小提示。说起古人喝冷饮的历史，可以追溯到春秋晚期，那时诸侯们的酒宴上便出现了"冰镇米酒"。到了宋代，冷饮渐渐走向民间，一些商家将果汁、牛奶、药菊等与冰块混合，制作出各式口味独特的夏日清凉饮品，受欢迎程度一点也不亚于现代的奶茶。

不同于奶茶的受众群体主要是年轻女性，宋代的冷饮老少皆宜，就连许多名人也是冷饮的忠实粉丝。比如大诗人杨万里就对一种叫作"冰酪"的饮品爱不释手，还吟诗赞美到："似腻还成爽，才凝又欲飘。玉来盘底碎，雪到口边消。"

"网红"冷饮广受追捧的同时，古人也思考着如何让这些冰饮升级换代。元朝时，元世祖忽必烈突发奇想，将牛奶与冰水混合在一起，制作成一种冰雪状的消暑食品，这便是冰淇淋的前身。

"竹夫人"和"汤婆子"

虽然古人不断推陈出新，制作各种口味新奇的冰饮，但并非所有的古人都有这样的口福。一些吃不起冰饮的古人，便四处寻找廉价的消暑良器，一来二去就找到了"竹夫人"。

"竹夫人"又称"青奴"，是一种用竹篾编成的竹篓子。它体型呈偏圆柱状，中间镂空，既可以当枕头又能抱在怀里，夏季用来纳凉实在是再合适不过。

或许是"竹夫人"的受众面积太广，就连《清稗类钞·诙谐类》都留下了关于"竹夫人"的记载。有次乾隆皇帝下江南，途中听人说起天宁寺的住持不守清规戒律，于是乾隆便问住持道："你到底有几个妻子？"

住持说："两个。"

乾隆还没回过神来，就听住持解释道："夏拥竹夫人，冬怀汤婆子，宁非两妻乎？"

这话的意思是，皇上啊，我夏天拥着"竹夫人"，冬天搂着"汤婆子"，难道不是有两个"妻子"吗？

住持提到的"汤婆子"又称"足炉"，乃是古人冬季御寒的一大法宝，就是一种呈南瓜状的圆壶，壶的上方是一个带螺帽的口子。它的制作材质多样，有据可考的就有陶制、锡制和铜制等多种材质。使用时，将热水从上方的口子里灌进去，再在壶身上套个布袋，放到被窝里，就能一宿好眠。

据史料记载，宋代时"汤婆子"就出现在古人的生活中了。黄庭坚曾在《戏咏暖足瓶》中说，"千钱买脚婆，夜夜睡到明"，大赞"汤婆子"的御寒奇效。

火墙

除了"汤婆子"，古人还想出多种方式调节室内温度，从而达到御寒的目的。秦朝时，皇宫及贵族家庭都设有"壁炉"和"火墙"，那时的"壁炉"主要靠烧炭供暖，产生的废气则通过设在室外的烟道及时排出，而"火墙"则由两块筒瓦相扣，做成管道状与灶台相连，再封在墙内从而提升室温。

而普通百姓的住所打造通道复杂的火墙，成本确实高，但是睡觉的地方保暖十分重要。于是，他们在墙上打造了一条火道，一直通到了睡觉的炕下，炕下通道的另一边连接着炉灶。生火做饭之时，便可将灶下之火的热量传导至炕上和部分墙体，达到取暖御寒的效果。

至今，北方的很多地区仍在使用火炕。可见，这种御寒的方式深得人心。

地暖

清代时，皇宫内苑再度发明一大御寒利器，那就是铺设在坤宁宫内的"地暖"。

据史学家考证，吉林出土的魏晋遗址中，曾出现过火坑的痕迹，这或许说明地暖的历史可以追溯到一千五百多年前。随着时代的发展，地暖走进紫禁城坤宁宫，带给坤宁宫无限温暖，从而让坤宁宫内装有地暖的两处房间，分别被命名为"东暖阁"与"西暖阁"。

暖阁外的廊下，设有两个一人高的炉坑，坑下有连着暖阁的烟道，太监在坑里烧炭，热气便顺着烟道传到屋里，令整个房间温暖如春，以至道光皇帝也忍不住赞上一句"暗热松枝地底烘"。

来自皇帝的官方认证，无疑是古人克服恶劣自然条件，拥抱美好生活的最好注释。

这些充满了奇思妙想的御寒与消暑方式，是古代劳动人民智慧的体现。今天，我们虽然在技术上升级了，但是，很多原创的"著作权"却依然属于聪明的古人。

古人如何清洁口腔

20世纪有很多突破性的发明,要说大范围渗透进我们日常生活习惯的,牙膏一定占有一席之位。但是在没有牙刷、牙膏和漱口水等现代口腔清洁用品的古代社会,古人是如何保持口腔清洁的呢?

其实,早在两千多年前,古人便拥有清洁口腔的意识了。那时刷牙工具还没有被发明出来,古人清洁牙齿主要使用含漱法。比如《礼记》中便曾记载,"凡内外,鸡初鸣,咸盥漱",这说明古人早已养成晨起漱口的习惯。

漱口时,古人通常使用茶水、盐水和酒,用这些漱口水清洁口腔,让古代少女的牙齿呈现出《诗经·卫风·硕人》中提到的"如瓠犀"的神奇效果。而当时上层社会的大户人家,还会专门在餐桌下准备一个罐子接漱口水,每次吃完饭,立刻漱口保护牙齿。

三国魏晋时期,古人渐渐萌生了使用工具清洁牙齿的想法。名士陆云有次弄来些简易版的牙签,马上兴奋地给哥哥陆机写信说:"一日行曹公器物,有剔牙签,今以一枚寄兄。"

字里行间分明带着三分嘚瑟,想来当时陆云边写信边想:这牙签可是清洁口腔的好东西啊,虽然我的牙签也不多,但看在你是我哥哥的份儿上,分你一枚。

在现代人看来,陆云送一枚牙签都要嘀咕半天,未免有些小气。然而,在三国魏晋时期,陆云这么做已经足够大方了。1976年,江西南昌出土的三国时期高荣墓葬品中,便有一枚龙形的金属制器物,两端分别为挖耳勺和小杨枝,小杨枝末端呈尖状。据考古专家鉴定,此物就是简易版的牙签,而这枚牙签出现在墓葬中,经历千年还保存良好,可见墓主人生前对这枚牙签一定分外爱惜。

牙签的出现,从侧面证明古人已不再满足于含漱法的清洁力度,转而探索起清洁工具带来的全新口腔清洁理念。唐朝时,古人清洁口腔的工具家族中,多了一枚杨柳枝制成的简易牙刷,这标志着古人的清洁理念终于突破局限,走向了"揩齿法"的新天地。

所谓"揩齿法",就是擦拭牙齿,而杨柳枝则是重要的工具。《外台秘要》记载:"每朝杨柳枝咬头软,点取药揩齿,香而光洁。"

古人将杨柳枝的一头放在水中泡软,然后用牙将其咬软,露出里面的杨柳纤维,这便是简易版的牙刷。使用时,用杨柳牙刷蘸取药物擦拭牙齿,这时杨柳枝中的纤维如牙刷的毛,清洁效果极佳。而据《本草纲目》记载,柳枝还有"去风、消肿、止痛"的作用,因此杨柳牙刷深受古人喜爱,就连李时珍也忍不住替杨柳牙刷代言称,用嫩柳枝"削为牙枝,涤齿甚妙"。

一把把杨柳牙刷就这样风靡天下,留下一段全民"晨嚼齿木"的传说。与此同时,另一种用布揩齿的清洁法也悄然走红宫廷,揭开古人清洁口腔的又一篇章。

在陕西法门寺出土的唐代咸通十五年(874年)的《衣物帐》中,出现了某下属官员进献皇室"揩齿布一百枚"的记载,这说明揩齿布也曾作为"牙刷"被古人使用。不过,这么昂贵的一次性牙刷,一般的小门小户可用不起。那么,平常人家想要清洁口腔,又该怎么办呢?

这个问题的答案,就藏在敦煌莫高窟的壁画中。在莫高窟的墙壁上,有幅高四米、宽十米的《劳度叉斗圣变》,上面画着一位身穿袈裟的僧人蹲在地上,左手拿着漱口瓶,右手一根手指正对着牙齿上下擦拭。

这说明,聪明的古人想出了用手指充当牙刷的好办法。如此一来,不但这"牙刷"方便携带,而且还能永久使用,用两个字来形容,就是"完美"。

除了手指刷牙的奇招,唐代还出现了现代人日常使用的双排齿牙刷雏形。1985年,考古学家在四川成都指挥街唐代灰坑发掘出四把骨质牙刷柄,其中一把牙刷头部略宽,有十二个植毛孔,分为两排,刷柄的中后部渐渐收窄加厚,与现代人使用的牙刷颇为相似。

这些唐代人使用的牙刷,随着时间的推移演变得越来越大众化,待到宋朝时,牙刷已成了百姓家中的日常用品。据《梦粱录》记载,南宋时期,民间出现了专门销售牙刷的"凌家刷牙铺",一些牙刷的刷毛还采用纯马尾毛制成,放在现代绝对是定制级的存在。

土豪版的牙刷当然要用高端的牙膏来搭配。据唐代孙思邈的《备急千金要方》中提到,"每旦以一捻盐纳口中,以暖水含……口齿牢密",可见一开始古人用来清洁口腔的牙膏,主要原料就是青盐。南梁时代,一种名为"口齿乌髭"的药物牙膏高调登上历史舞台。这种新型口腔清洁产品主要由皂角、荷叶和青盐等多种材料熬制而成,不仅能清洁口腔,还能增白留香,清新口气,算得上是我国有记载的最早的药物牙膏。

宋代人研制出了纯天然植物配方的牙膏。据《太平圣惠方》记载,宋代的上层社会流行用柳枝、槐枝和桑枝煎水熬膏,再加入姜汁、细辛等中药材,制成药膏每日擦牙。除了清洁牙齿,古人还找来了一种天然"口香糖"祛口臭。相传东汉恒帝时期,有个叫刁存的老臣口臭非常严重,每次向皇帝奏事都能把皇帝熏得一佛出世二佛升天。忍无可忍之下,皇帝干脆赐给刁存一块名叫

"鸡舌香"的天然口香糖,命他含在嘴里。说来奇怪,刁存含了"鸡舌香"后,口臭立刻无影无踪。消息传来,百官争相采购"鸡舌香",一时间口含"鸡舌香"竟成了时尚潮流。

传言是真是假早已无从考证,但据沈括在《梦溪笔谈》中的记载,"鸡舌香"确实能维持口腔清洁,清新口气。所谓"鸡舌香",其实就是丁香。它是一味古老的中药材,带有浓郁香气,是化解口臭的王炸武器。

靠着这个特性,"鸡舌香"长期雄踞热卖榜,成为达官贵族争相抢购的对象。就连三国时代的曹操,也特地弄来五斤"鸡舌香"送给诸葛亮。要知道,那时候"鸡舌香"十分名贵,曹操送诸葛亮"鸡舌香",就跟现代人送朋友飞天茅台一样,都是表达对对方的尊重。曹操下血本送诸葛亮重礼,无非也是想借此笼络诸葛亮为自己做事。然而,笼络的效果很不理想。历史那令人啧啧称奇之处,或许就隐藏在一片小小的"鸡舌香"中。

古人用什么做调味料

中国人创造美食的天赋与生俱来，用网友的话说：哪怕在地球上横行霸道一亿年，也逃不出中国人的一张嘴。不过，能把各种食材做成美味，离不开各种"灵魂"调味品，而古人没有这么多五花八门的调味料，他们都用什么烹饪美食呢？

盐

上古时期，古人就跟调味品展开了亲密互动。传说神农所尝的百草，就有不少被古人加入到食物里，用来去除食物的寒气，保护身体健康。

可见，草药似乎应该是古人最早使用的调味料。不过，现存文献中最早的关于调味料的记载,则是炎帝时期出现的"宿沙作煮盐",也就是说,炎帝时期的人们通过煮沙子的方法取得了盐。这说明早在几千年前,古人就已经品尝过盐的味道了。

梅子

"盐"作为古老调味料走到聚光灯下时,另一味调味料"梅子"也不甘示弱。杨宝成和杨锡璋的《1969年至1977年殷墟西区墓发掘报告》显示,在商代M284墓出土的青铜鼎中,发现了用于调味的梅仁,而同时代的殷高宗武丁也在《尚书·说命下》中拿着"若作和羹,尔惟盐梅"来说事,看来殷商时期的古人口味多半偏酸,才会对又酸又涩的"梅子味"爱到心底。

醋

随着饮食文化的丰富,梅子渐渐与酒结合,孕育出不一样的新味道。《三国演义》中,曹操与刘备煮酒论英雄,用的就是梅子酒。而单论"酸"味这一细分赛道,能与"梅子"一争雌雄的便是"醋"了。

《周礼》记载:"醯人掌共五齐、七菹,凡醯物。"这段关于酿醋的记载,足以说明周朝时期,"醋"已经走上了古人的餐桌。不过,那时的"醋"只经过了五道工序,味道尚未达到顶峰。到了北魏,古人酿醋的手艺有了长足的进步,用贾思勰在《齐民要术》里的话来说,就是那时的人们已经掌握了多种制曲酿醋的方法,还能酿造出风味独特的陈醋。

唐代时,"醋"的品种得到进一步细化,出现了米醋、麦醋和杂果醋等各式调味品,据唐代《新修本草》记载,一些药物学家还别出心裁地将中草药与醋结合,制作出既能调味又能治病的"药醋",备受时人推崇。

酱

秦汉时代,古人以大豆、面为原料,发明了"醋"的绝妙搭档"酱"。然而,"酱"并非秦汉人首创,据张岱《夜航船》记载,远古时期,燧人氏做肉脯,黄帝做炙肉,成汤做醢。这里提到的"醢"就是一种肉酱。

远古时代的肉酱给了秦汉人灵感,助力咸味的"素酱"以后来居上之势,成为"酱"这款调味品中的人气王。而古人的口味,也随着"酱"这种重口味调料的诞生,逐渐从先秦时代的爱酸变成了嗜咸。

在现代人眼中,酱咸醋酸,两者都只是家中寻常的一味调料。但对于古代老百姓来说,能拥有这些调料绝对是一件幸福的事情。

北宋大臣张方平曾在写给宋神宗的奏章中提到,有一年寒冬腊月,穷困的百姓挑着柴走了几十里路去卖,只赚来了几十文钱。然后,他们用这些钱买了葱、盐、醋等调料,一家老小都觉得这是难得的美味。

糖

除了酱和醋,糖在古人的生活中也是必不可少的调味品。

《诗经·大雅·绵》中曾提到:"周原膴膴,堇荼如饴。"这里的"饴"就是世界上最早制成的糖。这种糖是通过把米(淀粉)和麦芽经过糖化熬煮而制成,是一种淀粉糖。民间曾广泛制作和食用这种糖。

而在屈原的《楚辞·招魂》中,则提到了另外一种糖。"胹鳖炮羔,有柘浆些",这里的"柘"即是蔗,"柘浆"是从甘蔗中取得的汁。从这句诗来看,早在公元前4世纪的战国时期,人们就已经能够通过加工甘蔗获取"糖"这种调味品了。东汉时期,杨孚的《岭南异物志》中便有关于甘蔗和蔗糖的详细描述:"甘蔗,远近皆有,交趾所产特醇好,本末无薄厚,其味至均。围数寸,长丈余,颇似竹,斩而食之,既甘;榨取汁如饴饧,名之曰糖。"到了唐宋时期,手工制糖技术日益发展成熟,熬糖法、土法制取白糖、制作冰糖的技术都相继出现,在很多书籍中,比如《天工开物》《糖霜谱》都详细记载了制糖的工艺。

随着制糖工艺的日臻成熟,糖的产量大大提高,价格也就不再高昂。糖也从富贵之家,逐渐走进百姓的日常生活。

辣椒

西汉时期,兼职"海淘代购"的张骞远赴西域,带回了蒜、芫荽等"胡味"调料，极大地满足了人们的味蕾。明清时代，随着中外贸易日益频繁，各种舶来的调料更是层出不穷，引发了新一波"滋味革命"。

对后世饮食文化产生颠覆性影响的辣椒，就是在明代后期引入中国的。在辣椒进入中国前，古人理解的"辣"，主要来自我国原产的姜、茱萸、葱和花椒等，这种"辣味"是从《洪范》中所写的"酸、苦、甘、辛、咸"五味里的"辛"衍生出来的，与辣椒的"辣"有着本质的区别。

高调走上调味料之路的辣椒原产于美洲，后被西班牙香料商移种欧亚。令人意外的是，如今风靡调料界的辣椒一开始本来是作为观赏花卉引入中国的，谁料贵州、湖南一带的百姓没有欣赏花卉的心情，直接把辣椒当成食材下了锅。

紧接着，人们怀着好奇的心情，品尝起这款新品菜肴。火红的辣椒一入口，人们就辣得连吃好几口饭，这对于食盐难买、饭菜无味的穷苦百姓来说，无疑解决了饮食的大问题，辣椒成了每餐不可或缺的"救命调料"。

清代时，辣椒的受众群体进一步扩大，这促使辣椒一举成为当之无愧的"国民调料"。不过，古人享受无辣不欢的快感之时，也不忘将一口"鲜"进行到底。

笋

正如李渔在《闲情偶寄·卷五》中所说："菜中之笋，与药中之甘草，同是必需之物，有此则诸味皆鲜，但不当用其渣滓，而用其精液。庖人之善治具者，凡有焯笋之汤，悉留不去，每作一馔，必以和之，食者但知他物之鲜，而不知有所以鲜者在也。"

这就是说，在没有味精的古代，人们巧借烧笋的汤汁来给食物提鲜。平时烧笋的汤汁，古人总是设法保留，等到烹饪其他时蔬时，将笋汁加入时蔬里，吃起来就满口都是鲜美的滋味。

到了清代，古人在笋汁的基础上进一步改良，发明了笋粉和蘑菇粉等增鲜新材料。清代文人顾仲就在《养小录》中提到，人们喜欢事先将干笋、干蘑菇磨成粉，烹调时撒一些在菜肴上，使用起来十分方便。

有道是靠山吃山，靠水吃水，古人有时也会因地制宜，使用一些当地出产的特色调料。比如江浙一带的百姓，有时便会将螃蟹的蟹肉、蟹油、蟹黄与猪肉一起熬制储存，等到烧菜时当作增鲜调料使用。

纵观古代的调料种类变化，不难发现古人始终秉持一颗包容之心，吸纳各种新式调料。随着各色调料的不断涌现，中国的饮食文化也一步步发展，历经岁月洗礼，散发出古朴又迷人的独特魅力。

古代就有社区管理？

提到社区管理，你会想到什么？

帮忙协调邻里纠纷的物业？还是小区门口穿着制服检查流动人口的工作人员？抑或那些帮助孤寡老人的志愿者们？

一位位担任不同职能的社区管理人员，通过默契的合作，共同为小区居民创造一个和谐舒适的生活环境。你可能想不到，勤劳聪慧的古人，不但早已把社区管理引入生活中，还颇具创意地玩出了潮味。

古代的城市中，发迹于周朝城邑营建指导思想的"里坊"带来了社区的雏形。先秦时，人们开始编户入里，"里"的范围和功能与今天的社区相近，而"里治"也就成了古代的社区治理样本。

秦汉时期，"里治"渐渐发展成闾里制。所谓闾里制，简单说来，就是在城内用围墙圈出许多方块状的"闾"或"坊"。居民住在墙内的房子里，不许临街开门，不许临街起楼，只能从官府设置的坊门出入。这些坊门配有"弹室"之类的机构，里面住着"坊正""里正"之类的管理人员，负责管理门禁出入，排查可疑人员。

随着时间的推移，闾里制在隋唐时期逐渐演变成里坊制。在这一管理制度下，唐代的长安城成为一座拥有一百零八坊的"大社区"，每个坊里都住着"业主"，而唐朝政府则成了管理这个超大社区的"物业公司"。

"长安城社区"里，依然实施门禁制度。每天黄昏，长安城里就会传来悠扬的八百声鼓响，这便是长安城的关门信号，一百零八坊中的"物业员工"坊正，在听到鼓响后次第关闭坊门，确保坊中再无闲杂人员出入，"业主"能在一个安全又安静的环境中进入梦乡。

北宋时期，扮演物业公司角色的大宋王朝将"总部"搬到了开封。这时，"北宋物业公司"突然发现，原来的里坊制导致"侵街"现象严重，大宋"业主"为了争夺临街的商铺，时常大打出手。为了更好地服务于大宋的"业主"，"北宋物业公司"便将社区管理制度改成了《清明上河图》中那种较为开放的坊巷制。

大宋的"业主"自此告别了被官府用高墙禁锢的生活，直到南宋时期，坊巷制依然是社区管理的主流模式。城里的"业主"纷纷在家门口自主创业，做起了酒肆茶馆、手工作坊等小买卖，极大地促进了两宋时期商业的繁荣。

这期间，"汴梁城社区"出于维护公共环境的考虑，还在管理社区时专门发出温馨提示，要求住在汴河两岸的居民清理河中的浮草。此外整个"小区"的居民都需要在指定地点倾倒垃圾，再由"汴梁城社区"用六头牛拉的太平车运往郊外倒掉。

城市的社区管理开展得有声有色，而广袤的乡野山村里，社区管理也发挥出了巨大的价值。相传乡间社区管理的历史，可以追溯到黄帝"画野分邑"，社区管理者令"八家为井，井一为邻，邻三为朋，朋三为里，里五为邑，邑十为都，都十为师，师七为州"。这就是说，那时每七十二户为一里，作为一个基层编组单位，这便是现代社区的前身。

值得一提的是，国家编组社区时，还考虑到人们的风俗习惯，把同风俗、同地缘、相携相助作为创建社区的要素之一，从而达到"不泄地气、无费一家"的效果。

周朝时，社区的大小发生了变化。《周礼》规定："令五家为比，使之相保。五比为闾，使之相受。四闾为族，使之相葬。五族为党，使之相救。五党为州，使之相赒。五州为乡，使之相宾。"

这里出现的"闾"，就相当于现代的社区，它包含二十五户人家，其中的首长称为"闾胥"，也就是实际生活中的社区管理者。

春秋战国时期，社区管理又首次引入了户籍管理的概念。国家还将户籍管理与军事编组相结合,实施了"五家为保,十家为连"的"什伍连坐法"。

此时的社区管理人员,变成了"三老制"下由官方任命的"乡老"。"乡老"地位很高,有盘问和制止"无符节而擅入里巷、官府"的官吏、士兵和百姓,以及表率教化的职责,而这种"以民治民"的社区管理新模式,也让许多地方的乡民哪怕不知当地县令是谁,也一定认识当地的"三老"。

隋唐时期,"三老制"的社区管理模式产生了一些新变化。首先是隋炀帝时期,京都改"坊"为"里",隋朝逐渐完成了整个社区管理体系从族、闾、保三级制到乡、里两级制的转变。

到了唐代,社区管理依然实行乡、里两级制,其中的管理人员以里正为主、村正为辅,而社区的范围则以"百户为里,五里为乡。两京及州县之郭内,分为坊,郊外为村"。作为"三老制"的延续,唐代还会在每乡设置一名耆老,协助进行社区管理。

北宋初期,社区管理模式依然是乡里制。然而,王安石变法后,乡间的社区管理发生了翻天覆地的变化。原先流行的乡里制,一夜之间变成了保甲制度。这种新型社区管理制度规定:"十家为一保,五十家为一大保(相当于过去的'里'),十大保为一都保。"大保长一年一替,保正、小保长两年一替。同时,每一大保夜间轮流派五人巡逻,遇有盗贼等突发事件,立刻报大保长追捕,同保内发生盗窃等案,也要第一时间告诉保长,否则就会因知情不报被连坐治罪。

保甲制度的产生，让社区管理朝着"兵民一体"的方向快速发展。而在保甲制度执行力偶有不足的地方，乡民则自创了"乡规""义约"等管理制度，还以此为据发展出颇具规模的社仓，作为社区管理的补充力量。

组织社区管理力量绝不含糊的古人，遇到"业主"则变得"可盐可甜"。若是哪位"业主"遇到麻烦，社区管理者立刻送上暖心福利，助力"业主"渡过难关。

比如《管子》中，就记载了一个针对"业主"的福利方案——"九惠之教"，上面提到小区中如有年龄在七十岁、八十岁及九十岁以上的高龄老人，可免去其子的征役；高龄老人还能定期获得政府赠送的肉食大礼包；如果高龄老人去世，则由政府提供棺椁安葬。

小区里家有幼弱子女的母亲，则免征"妇役"，还可以定期领取粮食，直到幼儿生活能自理。至于没有父母的孤儿，社区工作人员便利用手里的资源，为孤儿们寻找同乡或是熟人来作为他们的养父母，让孤儿们重新感受到家庭的温暖。养育这些孤儿的养父母，还能获得国家授予的"免除徭役"资格。

同时，若是社区里出现生活无法自理的残疾人，或是收入无法维持生计的穷苦人，社区工作人员还会及时向这类人群提供食物及财物方面的救助。而一些特殊人群，生活上没有困难的人，也能获得社区福利。比如死于国难之人的亲友，就能领取一笔专门用于祭祀死难烈士的款项。

暖心的福利政策，昭示着古代的社区管理者爱护幼小、尊养老人、善待鳏寡、救济穷人和抚恤贫困的人性光彩，哪怕历经千载岁月消磨，依然在历史画卷上熠熠生辉。

古人的"一代身份证"

现代社会中,身份证已成了人们生活中不可或缺的重要证件。随着科技的进步,如今的身份证加入了非接触式IC卡技术等高科技手段,不仅能存储持证人的多重信息,还支持人脸识别技术,配合证件信息的存储库和网络技术,可以实现全国范围内迅速查询和识别信息。

不过,身份证并非现代人的首创,早在千年前古人就体验过身份证的强大功能了。只不过古代社会的"身份证"可是个稀罕物,若能拥有"身份证",说明你绝对是个有身份的人。

最早的"身份证"可以追溯到商鞅变法时期,当时秦国推出了一种名叫"照身帖"的简易"身份证",专门用来验证秦人的身份，从而防止间谍混入国境。照身帖由打磨光滑的竹板制成，上面记录了个人头像与籍贯等信息，秦人居家旅行必须随身携带照身帖，否则分分钟就会被当作黑户抓起来。

公元前338年，照身帖的发明者商鞅就亲自领教过"身份证"的威力。当时秦孝公去世，与商鞅有仇的太子登基，逼得商鞅不得不连夜逃命。一路上，商鞅化妆易容，躲避新君嬴驷派出的追兵，好不容易在一天晚上跑到了边境。这时商鞅考虑到天色已晚，准备在一间乡野小店投宿，哪知店老板却对他说："你要住宿，必须有照身帖才行啊，这是商君的法令，我们不敢违背。"

但商鞅哪里能亮出自己的照身帖，结果他无处可去，回到商邑组织邑兵出击郑国，不幸被嬴驷派出的兵马讨伐，最终兵败被杀。

商鞅虽死，但他发明的照身帖制度却流传了下来。汉朝时，"竹使符"成了官员身份的象征。而到了隋唐时代，"身份证"的制度更加完善，甚至还出现了一种代表官员身份等级的新款"身份证"——鱼符。

据《隋书》记载，开皇九年五月，"丁丑，颁木鱼符于总管，刺史，雌一雄一"，"（十五年）丁亥，制京官五品已上，佩铜鱼符"。

说来这款新型"身份证"之所以叫作鱼符，是因为它的外形真的很像鱼。鱼符的制作材料通常是金属或者木头，分为左右两部分，上有小孔，方便用丝线悬挂在腰间。在鱼符的内侧，记载了使用者的姓名、所在衙门和官位品级，用《新唐书》上的话来说，就是"随身鱼符者，以明贵贱，应召命"。

在唐代，不同品级的官员拥有不同材质的鱼符。这其中，亲王和三品以上的高官所用的鱼符是黄金打造的，三品以下五品以上的官员使用的是银制的鱼符，而六品以下的基层官员则使用铜制的鱼符。作为身份的象征，鱼符就这么直接挂在腰上似乎一点也不显得高大上。为此，唐朝政府特别推出了一种名叫"鱼袋"的衍生产品，专门用来盛放鱼符。

据《朝野佥载》记载："上元年中，令九品以上佩刀砺等袋，彩帨为鱼形，结帛作之，取鱼之象，强之兆也。"

不过，鱼袋的使用要求更加严格。唐朝规定，只有五品以上的官员才有资格用鱼袋，这也让鱼袋成为继鱼符之后，进一步彰显身份的"高级身份证"。

或许有人会问，既然鱼符这么金贵，会不会有人造假呢？

这个担心完全是多余的。唐朝的鱼符由朝廷统一制作颁发，从源头上就规范了鱼符的流通路径。而且鱼符还分为左右两半，其中左半在制作完成后就留在内廷作为"底根"，右半则交给持有人使用。若是持有人需要进宫或是验明身份，内廷就会降下"左符"，与持有人的"右符"进行比对。如果两块鱼符完全契合，便能证明持有人身份不伪。

需要指出的是，鱼符虽然分为左右两半，但两半的数量并不一定是对等的。比如唐朝全盛之时，八方伏首，万国来朝，诸多外国君王都在这一时期派使臣前往大唐,而唐朝政府为了规范流动人员管理,便将鱼符这种"身份证"推广到了世界各地。

据《新唐书》记载,"朝贡使各赍其月鱼而至,不合者劾奏"。这就是说,像高句丽、安南这些藩国使臣,也统统领到了唐朝政府颁发的鱼符。不过为了增强两国交流的便利性,唐朝政府颁发给藩国使臣的鱼符通常为一块雄符搭配十二块雌符。雄符由唐王朝保管,而雌符则交给使臣带回藩国,日后再有使臣来访,便持雌符证明身份。

官员和使臣用鱼符来证明身份,皇太子则领到了玉质的独家"身份证"。《新唐书》上说:"皇太子以玉契召,勘合乃赴。"书中提到的"玉契",就是皇太子的专用"身份证"。

若是遇到皇上有事外出,太子监国,那皇太子的"身份证"也会立刻鸟枪换炮,实时解锁一款名叫"双龙符"的高端"身份证"。若是其他大臣或亲王监国,也可以将原本的鱼符"身份证"升级成"麟符"。

鱼符在武周时期出现了短暂的空白期,据传是武则天称帝后,为了彰显新气象,特地将鱼符改成了龟符。当时最高等级的官员佩戴的"身份证",就从"金鱼符"变成了"金龟符",而这些官员又都是婚恋市场的"抢手货",若是哪户人家能将女儿嫁给佩戴"金龟符"的官员,就是妥妥地值得庆祝的大喜事,以至唐代大诗人李商隐也忍不住以《为有》一诗感慨了一番:"为有云屏无限娇,凤城寒尽怕春宵。无端嫁得金龟婿,辜负香衾事早朝。"

靠着李商隐的推广,"金龟婿"一词一下子火了上千年,但"金龟符"却在武则天去世后迅速消失在历史的长河里。唐中宗时期,唐朝政府又将官员的"身份证"改回了鱼符。只可惜历史进入宋朝后,宋太祖赵匡胤觉得鱼符太麻烦,下令官员们直接使用鱼袋,以鱼袋上面的金银饰品及颜色区分官级,自此鱼符彻底退出了历史舞台。

官员用鱼符、鱼袋证明身份,一些特殊职业的人们也有独属于他们的"身份证"。比如僧人有"戒牒"和"度牒",可以凭借这些证件化缘。

除此之外,古人还有一些特别的"身份证"。比如 2004 年,在南京明代宝船厂遗址第六号船坞遗迹的考古发掘中,考古人员发现了一枚乌木质地的浑圆形腰牌。腰牌正中有一方篆体印纹,因年代久远,仅能认出"长寿"二字,整块腰牌做工精良,一眼便能看出是宫廷之物。据专家推断,这块腰牌可能是郑和之物。由于明代宝船厂戒备森严,各司、各舫之间必须佩戴腰牌才可进出走动,一些学者认为或许是郑和或其部下视察船厂时佩戴着这块腰牌,但不慎失落在了船舱中。

至于平民,因为古代登记制度森严,黎民百姓多数都在乡里从事农业生产等活动,流动性很低。他们并没有个人的"身份证",有的只是类似于户口簿似的户籍证明。从汉朝开始,如果百姓确实需要出远门,就需要去户籍所在地的官府办理通行证明,上面盖有当地官府的官印。一般过关津时，需要核验身份，此时出示即可。这张通行证明最初被称为"过所"，后来又叫"路引""文引""路符""路票"等名称。

尽管这种简陋的"身份证"，有很多地方仍不完善，但是，它已经实现了基本的人口管理和调查功能。而且，它背后依靠的行政管理体系——郡县制，以及基层行政管理体制——乡里制，和我们今天的行政区域管理模式十分相近，这也从另一个角度说明，古人的智慧是无穷的。

古人也用新能源

悠悠历史长河中，人类或许从来没有像今天这样重视能源。新能源话题持续升温，让许多目睹了能源迭代的现代人，忍不住好奇地想：若是古人一头扎进新能源的世界，又该产生怎样的奇思妙想呢？

古人对于新能源其实并不陌生。早在千年以前，古人就发现了风能的妙用。在梁元帝所著的《金楼子》中，还提到人们曾发动巧思，制作了一辆带有风帆的高科技新能源车——帆车。

"帆车"的名字听起来不太好听，但行驶过程中基本不会"翻车"，而且车上自带的风帆还能利用风能驱动，一次带上三十个人，行驶几百里路压根不叫事儿。据《续世说》记载，610年，宇文恺在旧版帆车的基础上改良创新，设计出一种更加宽敞的新式帆车，这种新帆车一次可以搭载几百人，行驶起来还特别轻便快捷。

利用风能制作的新能源车，惊呆了来华"出差"的外国友人，一些外国友人惊诧之余，还不忘立刻拿出小本子，专门记录下这种古老的新能源车。比如李约瑟的《中国科学技术史》中就提到"中国人最善发明，他们有各种张帆而行的车辆，制作精巧，使用轻便"。

荷兰航海家林瑟顿也在《东西印度群岛游记》里说："中国多能工巧匠，他们制造并使用带帆的车辆，制作十分巧妙，在田野里行走时靠风力推动，好像在水上漂行一样。"

宋朝时期，人们对风能的利用进入了全盛阶段。小到用风能来提水、灌溉，大到在船上加装风帆提供助力，风能渐渐走进了人们生活的方方面面。当时人们还使用过一种走马灯式的风车，风车上有六至八副像帆船那样的篷，分布在一根垂直轴的四周，风吹时篷就像走马灯一样绕轴转动。利用这种风车，抽水、灌溉、碾磨，可以省时省力。

百姓们的美好生活离不开风能，工业生产同样需要风能。比如在冶金工业中，就需要用鼓风设备辅助生产。这些鼓风设备一开始是用人力或是畜力鼓动，称作人排或是马排，生产效率十分低下，而且还费时费工。

公元31年，南阳太守杜诗决定引入新能源进行工艺升级。

他颇具创造性地发明出一种利用水能产生动力的新型机械设备。这种设备的主体结构是一个立轴，轴上安置了上下两只卧轮，其中下面的卧轮置于水中，时刻被水流冲刷，而上面的卧轮则套上绳套，带动另一个小轮，小轮的另一端，再通过顶部的曲柄与上轮的杠杆相连。

这样一来，每当水流冲击下面的卧轮时，就会带动上面转轮转动，而上转轮与小轮之间又有弦索相连，因此上卧轮每旋转一周，就可使小轮旋转多周，从而利用水能鼓动鼓风设备，向铸铁炉里压进空气。

这款水力鼓风机械设备，就是利用水能提升生产效率的水排。水排的出现，极大地节省了人力畜力，从前人们用马排生产时，一百匹马冶铁一百二十斤，换成水排之后，同样的生产周期里，可以冶铁三百六十斤，效率是马排的整整三倍。

除了利用水能从事生产，古人还探索出许多太阳能的妙用。《周礼》上面说，司烜氏通过凹面镜聚焦，从太阳上面取来了火焰。《周礼》上的这段文字资料，乃是我国甚至全世界使用太阳能的最早记录。太阳能带给古人光明与温暖，改善了古人的们生活，也促使古人不断探索将太阳能应用于更多的领域。

在没有冰箱的古代社会，农作物的保存一直是个老大难问题。所幸聪明的古人发现了干燥贮存的方式。每当粮食丰收后，古人就把粮食放到太阳下面暴晒，太阳强大的光能与热能，去除了谷物中的水分，而脱水干燥后的粮食，保质期明显延长，更易存放，困扰古人许久的食物保存难题，就此迎刃而解。

除了脱水，古人也用日晒杀菌，虽然他们并不知道细菌为何物，但是在李时珍的《本草纲》目中，已经明确记载："冬月以旧帛晒，受阳气，覆体，皆能却疾。"直到现代，许多地方还保留着通过晾晒干燥衣物的传统，就连民间谚语里，也有"六月六，晒丝绸"的说法。

在脱水杀菌方面立下汗马功劳的太阳能，在古代房屋朝向中的影响力也可圈可点。众所周知，一天之中太阳光热能最强烈的时段，正是太阳位于南方的时候。古人为了在冬季驱寒保暖，便根据太阳的热能变化，将房屋的门窗朝向南方，以便让阳光直射入户，获取更多的日照。

说来利用太阳能取暖虽然应用广泛，但这只不过是古人在新能源使用方面小试牛刀之作，古人真正令人拍案称奇的神操作，则是太阳能在医学领域的应用。早在春秋时期，《列子》中就提到"人应当负日之暄也"，《黄帝内经》中也说"无厌于日，必待日光"。

诚然，日光中含有紫外线、红外线和可见光，对改善人体的新陈代谢、促进睡眠很有帮助，有事没事去晒个日光浴，可以有效抑制皮肤上的细菌生长，增强自身免疫力。

日光还可以用来检验骨伤。据《洗冤集录》记载："验尸骨伤损处，用糟醋泼罨尸首，于露天以新油绢或明油雨伞覆欲见处，迎日隔伞看，痕印见。"这就是古代法医检查骨伤的方法之一，就是先在骸骨上泼醋，再让太阳光透过油伞照在骸骨上，这时油伞能够最大限度地将有利于观察的光线聚集在一起，方便人们观察骨伤痕迹。

古人对日光的这一突破性应用，恰好符合现代法医学中利用紫外线检验骨伤的原理。然而，近代法医学直到1899年才传入中国，而在《洗冤集录》出现的南宋时代，古人就已经能够熟练地利用阳光来协助法医开展工作了。从这个方面来说，古人的智慧，还真是让人拍案叫绝呢。

第六章 探索篇

古人的飞天梦

2021年5月,"天问一号"携带的探测车"祝融号"在火星成功着陆,令世界瞩目,这标志着国人千百年来的飞天梦正在一步步成为现实。

回首中华民族的飞天梦,我们惊讶地发现,早在两千多年前的春秋时代,一只只风筝就曾搭载着国人的飞天梦想奔向蓝天。据《韩非子·外储说》记载:"墨子为木鸢,三年而成,蜚一日而败。"

这便是文献资料中关于古代"飞行器"的最早记录。虽然文中提到的"工程师"墨子,花了三年时间才制作出来的木制"飞行器",仅仅飞了一天就坏了,但这依旧代表着古人在航天领域迈出了具有历史意义的一小步。

木匠的祖师爷鲁班听说墨子制造的"飞行器"后，便琢磨着改良这款"无人飞行器"。考虑到木头太过笨重不易上天，鲁班决定采用更轻薄的竹子代替木头，制成风筝骨架，再靠着一双巧手将风筝扎成鸟鹊的样子。结果，这款飞行器在试飞阶段，一下子创造了连飞三天不落地的新纪录。待到东汉年间蔡伦改进造纸术后，鲁班发明的"飞行器"历经改进升级走入千家万户，成为孩童手里颇具人气的玩具"纸鸢"。

"无人飞行器"带着人们的飞天梦探索天空上百年后，古人遥望天上的飞鸟，忽然间萌生出要像鸟一样"翼装飞行"，自由翱翔在蓝天中的想法。这种行为放在现代，便是无数年轻人喜爱的极限运动，而放在古代，则是承载着古人飞天梦的"御敌奇招"。

西汉末年，就诞生了第一位有史可考的"翼装侠"。那时朝廷正苦于北方匈奴进犯，王莽为御强敌，下令招募奇能异士担任特种兵，特别优异者还可以破格给编制。消息一出，无数身怀绝技的人纷纷赶来应聘，现场火爆程度堪比如今的国考。其中，有个前来应聘侦察兵的男子自称能飞，可以日行千里飞到匈奴营中侦察敌情。

王莽一听顿时来了兴趣，让此人当场演示飞行术。于是，这名男子便将用鸟的羽毛做的两个翅膀绑在自己身上，又在头部及身体的其他地方也插上羽毛，然后再用环钮固定，最后双脚弹地而起，展开了一场翼装飞行。飞行的效果还不错，据史料记载，该男子一口气飞了上百步远才落地。不过王莽却觉得这名男子的技术华而不实，最后只给了他一份"理军"的工作，并没有重视男子的飞行技术。

饶是如此，"翼装侠"事件显然再次点燃了一些古人的飞天梦，这也促使人们不断探索更好的载人航天方式，终于构思出了类似现代宇宙飞船的载人航天飞行器。这种载人飞行器，在不同的文献中有不同的名称。在《博物志》中叫"飞车"，在《拾遗记》中叫"巨槎"，到了《洞天集》里，则把这种航天科技叫作"仙槎"。

名称各异的种种航天器里，晋人王嘉的志怪笔记《拾遗记·卷一》里提到的"巨槎"与现代宇宙飞船最为相似。在古代，"槎"是木筏的意思，"巨槎"就是超级大船。

按《拾遗记》中的介绍，这"巨槎"上面闪着光，晚上照得四野如白昼，而白天亮光则自动熄灭。除了这些高科技外，"巨槎"还能循环多次使用，并且搭载着住在上面的宇航员，轻轻松松完成载人航天任务。

这样高精尖的航天器，在当时的条件下自然无法制作，因此这"巨槎"主要来自古人的想象。不过，古人虽然制作不出载人航天器，却能完成一次震惊世界的载人飞行试验。

这个"万户飞天"的故事，中国航空事业的先驱王士倬先生曾讲给他的弟子钱学森。万户本名陶成道，是浙江金华人。在那个"万般皆下品，唯有读书高"的年代，万户偏偏不爱考功名，而是痴迷于科学探索。

一次，万户在炼丹时偶然发生了爆炸事故，这不禁让万户对火药的巨大推力产生了浓厚的兴趣，也让万户思索起利用火药完成飞天梦的宏伟计划。不久后，万户找来两只巨大的风筝，然后将自己绑在插满四十七支火箭的蛇形飞车上，再命令仆人点燃飞车上的火药。

火光一闪，飞车载着万户飞向天空，围观的人群还没来得及欢呼，就听见半空中"轰"的一声巨响，万户所乘的蛇形飞车已燃烧成一个巨大的火球，而万户则从天上狠狠地摔了下来，手中还紧紧握着两只着了火的巨大风筝。

可怜万户就这么丧生了，但他对航天事业的热爱以及惊人的胆魄，还是让后世学者赞赏不已，而他开创的飞天事业，也得到了世界的公认。比如，苏联火箭专家就曾在提到"万户飞天"一事时评价道："中国不仅是火箭的发明者，而且也是首先利用固体燃料火箭把人送到空中去的幻想者。"

不仅如此，国际天文联合会为了纪念万户，还专门将月球背面的一座环形山命名为"万户环形山"，若是万户知道他的名字永远留在了他向往的太空里，相信他一定会感到欣慰吧。

古人的"万物由来"说

1859年,达尔文的《物种起源》横空出世,书中提到所有的动植物都是从早期的原始形态进化而来的,学者们将这条理论称作"生物进化理论"。

随着科学知识的普及,现代社会的人们早已习惯了将"生物进化理论"当作金科玉律。不过,从没有听说过"进化论"的老祖宗可不这么想,他们自有一套对"万物由来"的独特理解。

在古代神话中,我国的先民认为天地一片混沌之际,盘古开天辟地,女娲造石补天,而后大禹带着百姓治水,并建立夏朝,方有了上下五千年历史。

西方人十分推崇的"物种起源"说,在中国的传统神话里,最初的开端却是空白的。这难免让人在遗憾的同时，又忍不住困惑：在古人眼中，人类到底是从何而来呢？

这个问题在记载了"女娲补天"的《淮南子·精神训》中，可以找到"初级答案"。据书中记载："有二神混生，经天营地，孔乎莫知其所终极，滔乎莫知其所止息，于是乃别为阴阳，离为八极，刚柔相成，万物乃形，烦气为虫，精气为人。"

这就是说，古人认为天地之间产生了"气"，而"气"又分为"精气"和"烦气"，其中"精气"化为人，而"烦气"化为动物。从这条记载来看，古人其实已经在不知不觉中拥有了"人类是进化而来"的意识。

到了三国时期，吴国的太常卿徐整在《五运历年纪》中进一步强化了"人类进化论"，就此揭露了人从何处来的"中级答案"。据《五运历年纪》记载："（盘古）身之诸虫，因风所感，化为黎氓。"可见徐整依然认为人类是进化而来的，只不过进化的开端从天地间的气换成了盘古身上的虫子。

虽说盘古是天神一般的存在，但它毕竟不是孙悟空，这拿几只虫子就能变出人类来的"进化论"，在现代人看来实在有些不靠谱，所幸同样认为人类由进化而来的"神队友"庄子，早已巧妙地在《至乐篇》中补充了一份"进阶版答案"。

或许是为了增加论点的可信度，庄子首先全面阐述了他眼中的"进化论"。在他看来，生命是从"无机"到"有机"的过程，动植物在没有生命的水、土的孕育下渐渐进化为越来越高等的生命体，譬如虫子就是由地上爬的低级生命体，慢慢演化出可以飞的新形态，而这一过程便是生命体的进化。动植物如此，人类的进化自然也是从低等生命体到高等生命体的过程，唯一的不同是，人类的进化更加复杂漫长，用庄子的话来说，就是"久竹生青宁，青宁生程，程生马，马生人"。

这句话从表面句义来看，似乎在说人类是由马进化而来的，但这其实是个美丽的误会。要知道庄子是宋国蒙邑人，这个地方对应的现代地理位置有河南商丘、安徽蒙城等多种说法，但想来在没有普及普通话的年代，庄子说话多半是带口音的。如此一来，庄子提到的马很可能是方言中"猴"的意思，毕竟如今一些南方地区的方言还将猴子称作"马骝"。

不过，师从梁启超、王国维的古文字学家高亨教授，同时也是先秦文化史研究和古籍校勘考据专家，在他看来，庄子提到的"马生人"或许并不是方言的锅，而是"馬，疑原作爲，形近而误"。在战国时代，马的写法与"为"的繁体字"爲"十分相似，因此高教授认为所谓的"马生人"或许是古人的笔误，正确的意思应该是"爲生人"。

那么，"爲"又是什么意思呢？据《说文解字》记载："爲，母猴也。其爲禽好爪。爪，母猴象也。下腹爲母猴形。"由此可知"爲"指的是母猴，而"爲生人"就是说人类是从猴子进化而来的。这一观点像极了西方的"人类起源"说，但古人提出这一观点比达尔文早了两千多年，还在此基础上进一步阐述了人类的发展。

据《韩非子·五台》记载:"上古之世,人民少而禽兽众,人民不胜禽兽虫蛇,有圣人作,构木为巢,以避群害,而民悦之,使王天下,号之曰'有巢氏'。民食果蓏蚌蛤,腥臊恶臭而伤害腹胃,民多疾病。有圣人作,钻燧取火,以化腥臊,而民说之。使王天下,号之曰'燧人氏'。"

从《韩非子》的记载来看,人类诞生伊始,还是居无定所的原始人。好在到了旧石器时代,原始人发明了巢居文明,他们或构木结巢栖之于树,或穴居于自然形成的山洞之中,史称"有巢氏"。

著名历史学家吕振羽曾在《中国历史讲稿》里提出:"到了有巢氏,我们的祖先才开始和动物区别开来……自此开始了人类历史。"正因如此,"有巢氏"位列五氏之首,被誉为华夏"第一人文始祖"。

随着历史的发展,人类逐渐掌握了更多本领。他们可以采摘各种草木果实,也能捕捉各种动物昆虫,还能钻木取火烹煮食物,彻底告别了茹毛饮血的生活。后世之人为记录这一伟大的突破,将这一时期的人类称作"燧人氏"。《中国历史年表》更是将"燧人氏"列为"三皇"之首的"天皇",而"燧人氏"也就成了华夏文明有文字记载以来的第一个有据可考的中华民族祖先。

从人类诞生到燧人氏被记诸史册,不难看出古人朴素的唯物主义科学进化史观。而令人不可思议的是,1965年,在新疆吐鲁

第六章 探索篇 · 191

番阿斯塔那古墓群出土了一幅唐代的《伏羲女娲图》，图中的伏羲和女娲这两位中国古代神话中的人类始祖，上身呈人形，下身则是呈双螺旋状的交尾蛇身，和人类 DNA 螺旋结构图非常相似。对于这种惊人的发现，联合国教科文组织非常重视，1983 年，该组织主编的《国际社会科学》（中文版）试刊号上，便以"化生万物"为标题，首页发表了《伏羲女娲图》。而且，类似的《伏羲女娲图》，已经出土了很多幅。虽然这背后，我们的祖先对世界和自身的起源，有着怎样的认知，至今仍是世界之谜，但它带给我们的遐想是非常令人振奋的。

古人也热衷星座运势

人类从诞生至今,始终有两个命题萦绕着我们。一个是我们人类从哪里来,另一个便是这浩瀚的宇宙又是什么。而人类对星际奥秘的探索,自古有之。

远古时期,华夏先民们为求农事顺遂,开始探索星体的运行轨迹,逐渐形成了中华民族特有的东方星象学。

这套看星座知祸福的东方星象学,被古人称为"占星术"。先秦时期,君王们在出征或祭祀先祖前,都要夜观天象,占卜吉凶,因为古人受到"天人感应"的思想影响,认为天象与个人乃至国家的命运息息相关。因此,星相学在先秦时代一直被看作是帝王之术,地位尊崇。

战国时期，魏国的天文学家及数学家石申与齐国人甘德合作，通过对自然天象的共同研究，准确记录下了黄道附近的恒星位置及其与北极的距离，还留下了著名的《甘石星经》。

不仅如此，相传石申以赤点纪星共一百三十八座，计八百十星，极大地促进了古代占星学的发展，帮助古代占星师们进一步提升了看星座知祸福的能力。

秦汉时代，占星之术渐渐向谶纬之学靠拢，这让古人看星座知祸福的本领突然间成了为政治服务的工具。据《史记》记载，秦朝末年，刘邦发兵灞上，天上突然出现了"五星聚于东井"的星象。所谓"东井"，就是二十八宿之一的井宿，它高居南方七宿之首，放在现代又名"双子座"。

不过，在"双子座"的说法还不流行的年代里，"东井"代表了秦所在的"雍州之地"，因此"五星聚于东井"的星象就被古人解读为秦亡的征兆。估计刘邦若是听说了这个消息，一定睡着了都会笑醒。凭着几颗星星，就能不花一文钱达到绝佳的舆论宣传效果，这好事到哪儿找去。

刘邦的经历无疑启迪了后世的汉宣帝，等到汉宣帝刘询想要铲除以霍光为首的外戚势力时，便找了些占星师来观察星宫的吉凶，然后打着星象变化的旗号，剿灭了霍氏家族在朝中的势力。

星象可以用来作为诛灭重臣的舆论突破口，也可以用来作为力破千军的强心针。西汉神爵元年，汉后将军赵充国奉命征讨西羌，谁料遭遇迎头抵抗，战事迟迟没有进展。汉宣帝一见这个情况,马上决定利用星象来催战。他给赵充国下了一道诏书,说近来出现了五星出东方的吉兆,让赵充国只管放手杀敌。还别说,这道圣旨一下,汉军果然军心大振,很快就打败了西羌。

当坚信星星的变化关乎人们的生死存亡后,古人干脆将"夜观天象"当成一门科学,还为此创立了一套专门的理论知识体系。在这套理论中,古人认为最核心最重要的那颗星是紫微星,象征着帝王及朝廷的王气盛衰。

在现代天文学中,紫微星被称为北极星。一般情况下,北极星除了亮一点并且可以指出正北的方位外,好像也没什么特殊的。但古人不这么认为,他们一脸认真地以北极星为原点,向外辐射出紫微垣、太微垣、天市垣"三垣"。据《步天歌》记载,紫微垣为三垣的中垣,在北天极中央位置,故称中宫;太微垣在紫微垣外,星张翼轸以北的星区,也就是现代天文学中室女、后发、狮子等星座的一部分;而天市垣是房心尾箕斗以北的星区,包括蛇夫、武仙、巨蛇、天鹰等星座的一部分。

在古人看来,各处星座的气场强弱变化,都会影响王朝的气数。比如宇宙间若是阴盛阳衰就会引发"天裂"的星象,这代表君王弱势,容易被外戚或权臣所欺凌。但若是出现了水、金、火、木、土五行星同时出现在天空同一侧的情况,就形成了"五星连珠"奇观。汉代时,"五星连珠"被视为祥瑞之兆,代表风调雨顺,国泰民安。

1995年10月,中日尼雅遗址学术考察队成员在新疆和田地区民丰县尼雅遗址一处古墓中发现了一张汉代蜀地织锦护臂,上面便赫然写着"五星出东方利中国"八个汉隶文字。可见在汉代,看星座知祸福已被国人接受,而这方织锦也因为一句"五星出东方利中国",被誉为20世纪中国考古学最伟大的发现之一。

星相学大放异彩的另一个时代,是战火纷飞的三国时期。而当时的黎民百姓朝不保夕,只能将前途命运假托于星空之中,这也让越来越多的古人加入了看星座知祸福的大军里。这其中的佼佼者,当数南阳名士诸葛亮。想当年,诸葛亮还是刘备"集团"的新人时,就曾靠一手看星座的本事,高调向刘备表示:"亮夜观天象,刘表必不久于人世,荆州日后必归于将军。"而魏国的星象家陈卓,则将星象进行了全面整理,从而推动了"三垣四象二十八宿"等东方星座的诞生。

随着时间的流转,源自古巴比伦的星座学通过文化思潮的交流,从西方国家传到印度,又在隋朝开皇初年,经天竺国高僧那连提黎耶舍翻译的梵文《天乘大方等日藏经》传入中国。

说来这天竺高僧的译文还真像一篇穿越文,其中明确提出:"是九月时,射神主当;十月时,磨竭之神主当其月;十一月,水器之神主当其月;十二月,天鱼之神主当其月;正月时,特羊之神主当其月;二月时,特牛之神主当其月;是三月时,双鸟之神主当其月;四月时,蟹神主当其月;此五月时,师子之神主当其月;此六月时,天女之神主当其月;是七月时,秤量之神主当其月,八月时蝎神主当其月。"

这几乎就是现代十二星座的雏形了，只不过十二星座的名称略有不同。但无论如何，至少唐朝时代的古人，已经拥有星座学的概念了。这其中最具代表性的当数唐宋八大家之一的韩愈，他曾高调表示自己是个"摩羯男"；到了宋代，另一位"摩羯男"苏轼干脆将星座与自身祸福联系起来，还参考韩愈的人生，总结出"摩羯座"的一些特点，并且因人制宜，区分了自己与韩愈在星座上的不同之处。

放在今天，这种行为便是时下流行的"星座解盘"，苏轼若是开个直播肯定吸粉不断，但放在宋代的大环境下，苏轼就只能在《东坡志林·命分》里感慨一句："退之诗云：我生之辰，月宿直斗。乃知退之磨蝎为身宫，而仆乃以磨蝎为命，平生多得谤誉，殆是同病也！"

意思是说，韩愈一生遭遇了不少坎坷，而我苏轼同为"摩羯座"，料想跟韩愈同病相怜，也会一生多谤誉，看来这摩羯座还挺折腾人的。

苏轼吐槽"摩羯座"命苦，其实还是与他所处的社会大环境分不开的。自"乌台诗案"后，苏轼如浮萍般半生漂泊，难以主宰个人命运，时常担忧自身的前途，而他的担忧，也是整个北宋文人的集体焦虑。正因如此，"看星座知运势"的星座文化才会如此深入人心。

古人眼中的宇宙是什么样

2021年4月29日,承载着无数国人航天梦的中国空间站,在长征五号B运载火箭的护送下缓缓进入太空,这不仅标志着我国载人航天工程又登上了一个新台阶,也将人们的目光再一次吸引到浩渺的宇宙间。

说起来,我们的祖先很早就拥有"宇宙"的概念了。在人类社会早期,老祖宗通过观察天地结构,形成了"天圆如张盖,地方如棋局"的朴素宇宙观。这之后,老祖宗又不断丰富修订"天圆地方"的理论,终于在三千多年前的殷末周初形成了汉民族的独特宇宙学说——盖天说。

早期的盖天说认为,天是穹隆状的,像一把大伞高高悬挂在地上，而地是正方形的，天地之间还有八根大柱子支撑着。闭上眼睛想想，古人描述的天与地还挺像个凉亭，说不定上古神话中的共工氏头触不周山与女娲补天，在古人眼中就是个熊孩子损坏公共财物与乖乖女善后的故事呢。

　　古老的神话无言地诉说着古人对宇宙的设想，古人也在一段段充满奇幻想象的神话故事里，不断丰富着对宇宙的认识，这也促使盖天说的理论日益完善，逐渐从最初的"天圆地方"过渡到晚期的盖天说理论。

　　在晚期的盖天说理论中，古人认为天和地都是球穹状的，两者间相距八万里。天穹的中间是北极，日月星辰围绕着北极旋转，若是日月星辰离得远了，人们就看不见，离得近了，便让人觉得光芒四射。千万年来，日月星辰旋转不休，于是就有了晦明变化。

　　盖天说的宇宙结构理论，虽然解释了日月星辰东升西落及位置变化，却还是较为初级的宇宙观。战国时代，先秦三晋思想文化的杰出代表人物尸佼，在《尸子》里高调提出了"宇宙"的概念，以一句"四方上下曰宇，往古来今曰宙"宣告了古人宇宙观的进一步发展。

　　按照尸佼的说法，"宇"表示"东南西北上下"等空间概念，"宙"表示"过去、现在、未来"等时间概念，"宇宙"一词就这么被赋予时空感，成了时间与空间的统称。

　　同样秉承这一宇宙观的还有春秋时代的政治家、军事家管仲，他在《管子·宙合》里提到："天地万物之橐，宙合有橐天地。

天地苴万物，故曰：万物之橐。宙合之意，上通于天之上，下泉于地之下，外出于四海之外，合络天地。以为一里，散之至于无间，不可名而山，是大之无外，小之无内，故曰：有橐天地。"

在各路名人的支持下，先秦时代这种"大之无外，小之无内"的宇宙观一时间成为主流学术观点。到了东汉时期，著名的天文学家张衡受到启发，大胆在《浑天仪图注》中表示："浑天如鸡子，天体圆如弹丸，地如鸡中黄，孤居于内，天大而地小，天表里有水，天之包地，犹壳之裹黄。"这就是著名的浑天说。

浑天说刚刚诞生的时候，支持盖天说的人很不服气，多次与浑天说派辩论。后来张衡干脆使出洪荒之力，在前人的基础上成功改良出当时最高精尖的天文仪器——浑天仪，可以用来测量天体球面坐标并演示天象。

浑天仪的诞生，突然间将人们一直琢磨不透的日月星辰运行规律展示得十分清晰，人们便借助浑天仪来制定历法，结果计算出来的历法竟然出奇地精准。如此一来，浑天说派迅速崛起，一把抢过盖天说派的光芒，成了新一任"时代王者"。

但浑天说能坐稳王者的宝座，除了浑天仪鼎力相助外，其包含的科学宇宙观也是不可忽略的因素之一。用张衡在《灵宪》里的话来说，就是："过此而往者，未之或知也。未之或知者，宇宙之谓也。宇之表无极，宙之端无穷。"

这就是说，浑天说不仅提出了与现代天文学十分接近的天球概念，还认为天球之外还有别的世界，整个宇宙是广袤无垠的。

这无疑证明早在一千多年前，古人就拥有无限宇宙的概念了。

不过，浑天说中虽然出现了许多令人惊喜的宇宙概念，但还是有一些不完善之处。比如浑天说延续了盖天说中的理论，认为日月星辰都有个依靠，只不过盖天说认为宇宙天体是附在天盖上，而浑天说认为它们是附着在球状的天空里，跟随地球一起运动。

而古代社会里永远不缺喜欢质疑的人，哪怕在浑天说大行其道之际，也有人高声问道："这日月星辰的运动有快有慢，哪里像共同依附在同一个天球上的样子？"

浑天说理论虽有不尽完美之处，却促使人们继续思考宇宙的奥秘。于是，在浑天说打败盖天说走到台前的这段时间内，也同时出现了另一种宇宙学说。这种宇宙学说既不同于浑天说，也不同于盖天说。古书上记载为"宣夜之学"，俗称宣夜说。

据《晋书·天文志》记载，汉秘书郎郗萌记先师相传云："天了无质，仰而瞻之，高远无极，眼瞀精绝，故苍苍然也。譬之旁望远道之黄山而皆青，俯察千仞之深谷而窈黑，夫青非真色，而黑非有体也。日月众星，自然浮生虚空之中，其行其止皆须气焉。是以七曜或逝或住，或顺或逆，伏见无常，进退不同，由乎无所根系，故各异也。"

从"日月众星，自然浮生于虚空之中，其行其止皆须气焉"的表述来看，宣夜说认为"天"不是一个固体的穹顶，而是由大量气体组成，日月星辰飘浮在气体中，有各自的运行规律。

到了隋朝,《隋书·天文志上》开始公然质疑盖天说:"如果太阳绕着北极旋转,离我们远了我们看不见,那么日出、日落时我们看到的应该是'竖破镜之状',为何实际上我们看到的是'横破镜之状'呢?"

令人困惑的疑问如一道光芒划破长夜,推动着古人进一步思考宇宙的结构。渐渐地,一些古人认为,我们所处的大地其实是个球体,并且这个球体还有可能回旋浮动,由此产生了"地有四游"的朴素地动说概念。

在宣夜说提出千年后,科学家才发现了万有引力定律及天体力学,并由此证明了宣夜说中天体运动的观点基本是正确的。而在这千年的时光里,宣夜说启迪了无数学者思考宇宙结构,比如元代的思想家邓牧就借鉴了宣夜说中的观点,提出了"天地之外无复天地"的宇宙观。

短短一句话,一举打破了固体天球的观念,将人们的思潮引入"天地之外还有天地"的无垠宇宙中。随着科技的发展,现代科学家通过一系列观测手段,也已经证实了我们所居住的银河系外,还有庞大的河外星系与许许多多未知的星体。

由此可见,古人眼中的宇宙在充满奇妙想象的同时,也兼具一定的科学性,而在寻找宇宙奥秘之钥的路上,从古至今,中国人则一直奔走不休,不曾有片刻停下探索的脚步。

古人的科技观

生活在 21 世纪的我们，有幸见证了人类科技不断发展的历程。从上古时代起，科技就始终存在于古人的生活中，那时候的人们总是尝试着通过日常的生产生活，寻觅科技的萌芽，并通过神话故事的形式，向后世之人传达着他们独特的科技观。

比如原始社会的人们在选择石料时，就于无形中运用到了力学和矿物学的知识，而从打制石器到磨制石器的工具升级，也体现着古人思想中的科技萌芽。

然而，原始社会人们的观念中虽然已经有了科技萌芽，但由于他们缺少现代科技知识储备，想要系统地阐述心中的科技知识十分困难。在这个节骨眼上，神话故事恰到好处地出现了，并很快成了古人科技观的传播载体。

所以,"盘古开天辟地"的故事里,隐含着天体演化学说,"神农尝百草"中出现了医药学理论,"伏羲画八卦"涉及数学,"女娲造人"的故事则体现着古人心中的生命起源理论。

神话故事里出现的种种科技观,在先秦时期不断发展完善,形成了儒家、释家、道家、阴阳家等诸多古代科学分支。其中,阴阳学曾以其特有的辩证唯物哲学思想,从诸多学派中脱颖而出,就此确立了古人科技观中的一个重要观点:宇宙间任何事物都具有既对立又统一的阴阳两面,而这两个对立面还在不断地运动并相互作用。

在这一观点的影响下,古人总是下意识地想让人与自然成为一个和谐统一的有机整体。为此,古人还一度将自然界人格化,创造性地提出了"天人合一"的概念。

所谓"天人合一",就是追求整体事物的统一性与各事物之间内在联系性的协调统一。当它邂逅医学时,先是让中医将人体的脏腑、经络、气血、精津、表里等视为不可分割的整体,而后再将人体放在自然和社会环境中来考量,探索外界因素对人体精、气、神的影响。

而在传统农学上,"天人合一"思想也驱使着古人时刻谨记,人类所从事的农事活动离不开天时地利这个大系统,从而创造出了人与自然协调发展的自然科学观。

阴阳学派风光无限之际,以墨子为代表的另一学派——墨家,也在古代科技史上留下了浓墨重彩的一笔。

据墨家经典著作《墨经》记载,墨子及其学生做了世界上第一个小孔成像实验,并首次系统地解释了"小孔成像"理论,提出了"光的直线传播"这一物理学观点。

不仅如此,《墨经·经下》中还提到"景到(通'倒'),在午有端,与景长。说在端"。这里出现的"端",指的是"微点",墨子认为"端"是无法分割的最小单位,这便是最早的原子理论。

鉴于墨子对古人科技发展做出的重大贡献,2016年,我国自主研制的世界上首颗空间量子科学实验卫星便以"墨子号"命名,如今这颗卫星正带着今人对古人科技观的敬意遨游在太空中。

在墨子做完小孔成像实验数千年后,元代的赵友钦再次复刻了小孔成像实验。据史料记载,赵友钦做实验时,先是在一幢二层楼房的地面上挖了一口井,并将点燃的蜡烛放到井内作为光源。随后,赵友钦先后多次用中心开孔程度与形状大小各不相同的板子盖住井口,再分别试验不同亮度、不同像距、不同物距等条件下的成像效果,实验手法与现代物理学运用的研究方法十分相似。

从墨子到赵友钦,一代代古人将小孔成像实验方式日臻完备,而这一切都得益于古人科技观的不断完善,以及科学技术理论的日趋成熟。

事实上,在秦代之后,古代科技就渐渐走上了蓬勃发展的康庄大道。汉代时,位居中国五大农书之首的《氾胜之书》问世,书中提出"凡耕之本,在于趣时,和土,务粪、泽、早锄、早获"的科学耕作方法,标志着古代科技史上终于出现了第一本完整阐述古人农业科技观的著作。

与此同时,古人在数学领域也取得了十分辉煌的成就,一些数学理论方法领先西方国家几百年甚至上千年。比如西汉时期出现的联合一次方程组解法,就领先西方同类算法约一千五百年。

宋元时期,高次数学方程、天元术、四元术等接连闪亮登场。被誉为"宋元四大数学家"之一的李冶,还在"天元术"的基础上,总结并提炼出了一套简明实用的"天元术程序",并于1248年撰写了《测圆海镜》,之后又编撰了一部比西方早三百多年的《益古演段》,一次又一次轰动数学界。

明朝末年,科学家徐光启携《农政全书》闯入了科技圈,再次刷新了古人的科技成就榜单。整部《农政全书》,涵盖了田制、农事、水利、农器、树艺等十二个方面,其中不乏农业的各种观察现象和实践经验,可谓是古代农业科学思想的集大成者。

几乎同一时期,另一位科技大佬宋应星也发表了他的著作《天工开物》,又一次掀起了科技圈里的一场狂欢。宋应星所写的这部鸿篇巨制,内容涉及农作物的种植,食品的加工,五金的开采、冶炼,陶瓷的烧制,兵器、火药、颜料的制作等,堪称一部生产工艺的百科全书。

一部部科学巨著,让千百年后的我们也不禁对古人的科技成就肃然起敬。更令人惊叹的是,除了这些享誉史册的科学巨著,古人还留下了许多记载他们科技观的宝藏作品。

比如地理学家徐弘祖就在《徐霞客游记》中，纠正了流行一千多年的"岷山导江"说；医药学家李时珍也在《本草纲目》里，率先提出中药辨证应用、药性理论等种种观点，一下子让达尔文都成了"迷弟"，连夸这是"古代中国百科全书"；还有物理学家朱载堉编写的《律学新说》，水利学家潘季驯编写的《河防一览》，全都是科技感炸裂的传世之作，逼得现代人只能碎碎念一句："不就是膝盖嘛，拿去！"

千百年来科技的进步与发展，不断从自然观上拓宽人们的眼界，提升人们的思辨能力，从而造就了古人不断精进的科技思维。追寻古人的科技观，就是追寻多姿多彩的古代科技文明。虽说古人探索科技的根本动力，主要是为了看得更清，走得更远，紧跟时代不落伍，但了解了古人科技成就的我们，依然可以大声向世界宣告：中国古代不仅有科学技术，而且还有老祖宗那突破想象的科技观。

古人的历史观

数千载岁月悠悠,谱写出无数辉煌历史。数千年以来,古人总是时不时停下匆忙的脚步,回头看一眼来时的路,静静回忆往昔的酸甜苦辣,留下一段段历史感悟,铸就了百家争鸣的古人历史观。

古人的历史观分类十分丰富,若是从古人历史观的发展动因看,古人的历史观可以分为产生于远古时期的天命史观、墨子的圣王史观、孟子的重民史观等;而从发展的变化方向看,古人的历史观又可以分为阴阳家带来的循环史观、老子支持的复古史观、韩非子的进化史观等。

天命史观

我们先来看看古人的天命史观。天命史观产生于远古时期，流行于夏、商、周三代。由于当时的百姓十分注重统治者的更替，一些天命论者就抓住人们的这一心理，宣称统治者的变更是天命决定的。

在天命史观的影响下，整个社会上下形成了王朝合法性来自"天命"的共识。《论语·尧曰》中，尧对舜说："天之历数在尔躬。"而《尚书》中也曾提到，当夏启去征讨有扈氏时，征讨理由之一便是"天用剿绝其命"。

周武王伐纣的时候，便自称是代表上天去征讨的，纣王听说后，还一度困惑地表示："难道我没有天命吗？"

圣王史观

有人相信"天"的力量，也有人相信"人"的力量。韩非子认为人类社会的演进是因为"有圣人作"的历史，直接把人类在物质文明和精神文明方面的成绩都归功于圣人，孟子"言必称尧舜"，认为圣贤决定天下兴亡、王朝兴废。

西汉时期，有个叫陆贾的思想家，在《新语·道基》中进一步提倡圣王史观，还提出了"历史的发展，是圣人造就的"这一圣王史观的核心内容。

与此同时，陆贾还把圣人分成了三个时期。先圣、中圣及后圣。先圣包括伏羲、炎黄、尧舜禹及他们的臣子，创造了人类社会的物质文明；中圣主要是商汤、文王、武王、周公，创造了人类社会的礼乐制度；后圣则是指孔子，建立了教育体制。

重民史观

在陆贾看来，杰出的圣人推动了人类历史的进步。然而，作为杰出人才之一的孟子，却高调宣布不论是人类社会的进步，还是王朝的兴衰成败，起到决定性作用的不是圣人，而是民众的力量。

在孟子的历史观里，民心向背关系到国家的兴衰。为此，当国民、社稷、君主三个关键词同时出现在孟子面前时，孟子便毫不犹豫地说出了那句著名的金句："民为重，社稷次之，君为轻。"

不过，需要强调的是，孟子的重民史观虽然认为人民是国家的基石，关系到国家昌盛，君王要为民众谋福利，解决好人民的温饱问题，重视人民的社会作用，带有强烈的人本主义倾向，但受制于历史的局限性，重民史观里依然出现了"驭民"的思想，种种重视人民的举措，从某种意义上来说，也只是为了让人民更好地为统治阶层服务。

循环史观

有道是"天下大势，分久必合，合久必分"，在一些古人眼中，历史的进程是循环往复的圆环。孟子曾提出，天下五百年才出一个圣王，历史也以五百年为一个周期循环运行，这番言论无疑是循环史观的直观体现。

战国时期，有个叫邹衍的人将"五行学说"与循环史观相结合，衍生出"五德史观"。五德史观的核心内容，就是用金、木、水、火、土相生相克的原理，来解释王朝的盛衰兴亡。

比如邹衍认为"夏木、殷金、周火"，由于金克木、火克金，所以殷灭夏、周灭殷。这一历史观一经问世，就在民众中产生了巨大的影响。

五德史观流行多年之后，历史的车轮来到了南宋。这时，循环史观的代表人物又多了位朱熹。这位程朱理学的代表，试图把人类历史划分成多层次、盛衰交替的发展过程，其中大循环套着小循环，大周期套着小周期，宛如永动机般一直循环下去。

几千年后，还有后人用五德史观来解释元明清的历史，并且得出了元朝属水、明朝属土，五行土克水，所以明朝灭元，又因为土在五行中属黄色，故明朝皇宫里多黄色的结论。

明朝之后的清朝，在五德史观的理论下就有了木的属性。或许是为了证明这一历史观的正确性，持有这种观点的古人，还特意强调清朝有青龙旗，而青色是木的五行颜色，从而证明大清皇帝坐稳江山，完全符合五德史观的理论。

进化史观

朱熹的历史观若是让持有进化史观的古人听见，后者一定会满脸不屑地撇撇嘴，抑或是在心里暗暗嘲讽道：历史周而复始？

朱老爷子您可真是"人类智商天花板"啊！

与循环史观不同的是，进化史观认为，历史是由低级往高级发展的，即便有循环更替，也并非简单的周期轮转，而是不同社会形态、不同生产方式的依次更迭，社会也在一次次更迭变化中不断发展进步。

进化史观中"社会进步"的独特观点，成了先秦法家变法革新的重要依据。比如韩非子就把历史分成了"上古""中古""近古"和"当今"几个发展阶段，并鼓励人们不要墨守成规，而应该与时俱进。

韩非子的思想，在一定程度上影响了历史学家司马迁。秉承着"通古今之变"原则的司马迁，以连续的眼光观察历史变化，从而意识到历史是不断进步的，人类社会也是从野蛮走向文明，从低级走向高级。

复古史观

与司马迁的历史观截然相反的老子，或许该庆幸自己出生得早，否则司马迁拿着"顶流"作品《史记》提升进化史观的影响力，老子也只能一边大呼"辣眼睛"，一边自顾自地大喊一声："执古之道，以御今之有。"

在老子的世界里，掌握了亘古即存的"道"，就能驾驭现实。"古之道"分分钟秒杀"今之有"，可见复古史观更多地强调"古之道"的强大，不屑于"今之有"的发展。

在复古史观的作用下，老子心中的理想社会，渐渐成了"小国寡民"型社会。所谓"小国寡民"，就是一种在形式上接近原始，生产力极其低下的社会模式。老子之所以推崇这种模式，就是因为他向往原始社会里人人平等的社会制度，希望现实社会中的百姓也能像原始社会中的人那样无欲无争。

可以理解，在老子生活的时代，战乱四起，百姓生活艰难。所以老子渴望原始社会中自由自在的生活状态，反对战争及封建王朝森严等级对人民的压迫，这是复古史观积极的一面。然而，老子完全肯定原始社会，希望整个人类社会回退到原始状态，这是不可能实现也不科学的观点，并且反映了复古史观消极的一面。

通过上述内容不难看出，受社会环境及内在思维模式的影响，古人的历史观可谓是百家争鸣，万花齐放。而中国人时时刻刻都关注历史、关注传承，从不停止对历史的钻研和发现、探讨与总结，其中的底层逻辑其实一直都是"知历史，懂现在，向未来"。而浸润在中国文化和民族精神之中，沿着历史的来路，一路向前，面向世界，博采众长，在时代的浪头上既能不断创新，又不失个性，才是真的"潮"。